"互联网+"新形态一体化系列丛书

会计实务操作

主　编　李为人

北京理工大学出版社
BEIJING INSTITUTE OF TECHNOLOGY PRESS

版权专有　侵权必究

图书在版编目（CIP）数据

会计实务操作 / 李为人主编. -- 北京：北京理工大学出版社，2022.8
ISBN 978-7-5763-1447-2

Ⅰ. ①会… Ⅱ. ①李… Ⅲ. ①会计实务 Ⅳ. ①F233

中国版本图书馆 CIP 数据核字（2022）第 114807 号

出版发行 / 北京理工大学出版社有限责任公司	
社　　址 / 北京市海淀区中关村南大街 5 号	
邮　　编 / 100081	
电　　话 /（010）68914775（总编室）	
（010）82562903（教材售后服务热线）	
（010）68944723（其他图书服务热线）	
网　　址 / http://www.bitpress.com.cn	
经　　销 / 全国各地新华书店	
印　　刷 / 定州市新华印刷有限公司	
开　　本 / 787 毫米×1092 毫米　1/16	责任编辑 / 王晓莉
印　　张 / 9.5	文案编辑 / 王晓莉
字　　数 / 217 千字	责任校对 / 周瑞红
版　　次 / 2022 年 8 月第 1 版　2022 年 8 月第 1 次印刷	责任印制 / 边心超
定　　价 / 31.00 元	

图书出现印装质量问题，请拨打售后服务热线，本社负责调换

前言
PREFACE

  会计实务操作是会计从业人员工作的重要内容。本书力求为研习会计和经济管理人士提供必要的理论知识和专业技能。随着新经济、新业态、新财务的发展，以及会计活动形式与内容的不断变化，会计实务操作也需要不断进行更新与调整。

  本书以财政部最新修订和实施的《企业会计准则》为依据，介绍会计实务操作的基本概念、基本原理和基本方法。在阐释借贷记账原理的基础上，以制造业为例，从企业会计实务出发，系统地介绍企业基本经济业务的会计核算，既注重理论性，又注重可操作性，还特别关注实例的运用和知识的更新。本书着重体现《企业会计准则》精神，力求将《企业会计准则》中涉及的基本理论融入相关章节。

  本书在遵从教材体例和版式要求的基础上，力求使内容简洁、直观和易读。例如，每章从案例导入，通过案例引出对基本概念与原理的介绍，以帮助读者形成清晰的学习思路；以图表的形式对每章介绍的内容进行归纳和总结，以帮助读者对整章内容进行总体认识和把握；对于重点、难点问题进行特别提示以引起读者的重视；等等。

  本书特别强调和注重实操性。为便于读者对会计基本理论、基本方法和基本技能的掌握，增强其感性认识，本书设有例题，以帮助读者全面系统地理解会计基本知识，处理常见的企业会计业务，提高实操能力。

  本书由中国社会科学院大学商学院李为人副院长及多年从事上市集团公司、外资企业财会实务工作的蒋晓敏共同编写完成。在本书的编写过程中，中国社会科学院大学税务硕士研究生李朋真、朱淼、颜玉艳等负责本书的文字编排和核对工作。编者在编写本书的过程中也参考了相关教材，在此对相关人员的支持和帮助表示衷心的感谢。

  本书无论在内容上还是体例上都做了新的尝试，但由于编写时间仓促和编者水平有限，加之会计理论与实务均处于不断发展和亟待探索解决中，所以还存在诸多不足之处，恳请各位专家、同行和读者批评指正。

编 者

2022 年 5 月 30 日

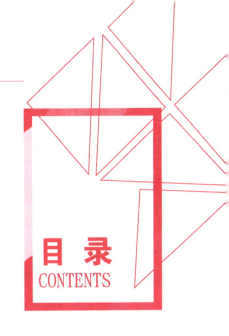

目录 CONTENTS

第一章　财务会计 ··· 1
- 第一节　会计概述 ··· 3
- 第二节　财务部门的职能及组织架构 ··· 9
- 第三节　财务分工和岗位职责 ··· 11

第二章　资金会计 ··· 14
- 第一节　资金会计概述 ··· 15
- 第二节　现金收付业务 ··· 21
- 第三节　银行收付款业务 ··· 27
- 第四节　银行承兑汇票业务 ··· 31

第三章　固定资产管理 ··· 35
- 第一节　固定资产概述 ··· 36
- 第二节　新增固定资产的会计处理 ··· 38
- 第三节　固定资产折旧 ··· 40
- 第四节　固定资产的后续计量 ··· 44

第四章　采购申请到采购付款的业务循环 ··· 47
- 第一节　采购业务概述 ··· 48
- 第二节　采购业务流程及会计处理 ··· 49
- 第三节　预付款方式下的会计处理 ··· 52
- 第四节　瑕疵材料的处理 ··· 53

目录

第五章　生产到存货的业务循环 …… 55
- 第一节　生产业务流程 …… 57
- 第二节　生产成本核算 …… 60
- 第三节　结转销售成本 …… 70

第六章　销售订单到收款的业务循环 …… 77
- 第一节　销售业务流程 …… 79
- 第二节　销售收入的确认与计量 …… 82

第七章　利润核算 …… 93
- 第一节　三项费用 …… 95
- 第二节　税金及附加 …… 96
- 第三节　营业外收支 …… 96
- 第四节　所得税费用的核算 …… 102
- 第五节　本期利润的核算 …… 108

第八章　财务结账 …… 110
- 第一节　做好结账前的准备工作 …… 111
- 第二节　财务结账 …… 118
- 第三节　结账后的检查工作 …… 124

第九章　编制财务报表 …… 126
- 第一节　明细账、总账和科目余额表 …… 127
- 第二节　资产负债表 …… 132
- 第三节　利润表 …… 137
- 第四节　现金流量表 …… 139
- 第五节　所有者权益变动表 …… 142

参考文献 …… 145

第一章

财务会计

知识目标

- 了解会计的定义及职能。
- 熟悉会计基本假设和会计信息质量要求。
- 掌握会计要素的具体构成。
- 了解财务部门的组织架构、内部分工和岗位职责。

技能目标

- 能判断经济业务是否符合会计假设和会计信息质量要求。
- 能设置简单的财务部门的组织架构。

第一章 财务会计

知识导图

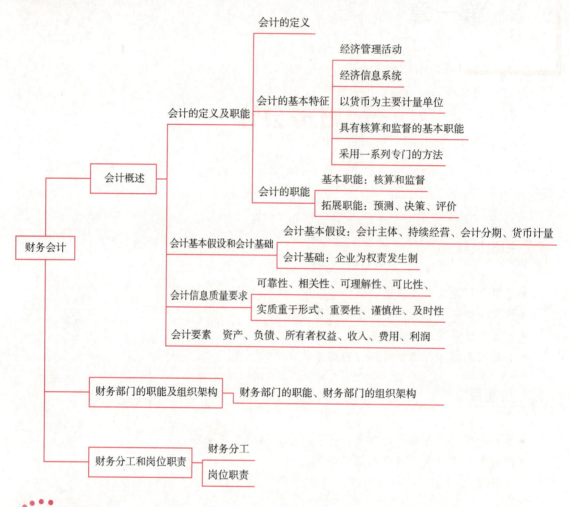

引导案例

以下为不同行业的人对会计这一职业的看法。

普通职员 A 认为:"会计就是要为企业日常运营过程中的收支做好记账工作的人员。"

审计部门认为:"会计必须对外提供公正、准确、及时的财务信息。"

企业家 B 认为:"会计对内要为管理层决策提供参考,对外要尽量提供有利于企业发展的材料。在必要时候,应对原始资料做更改。"

思考:什么是会计呢?

第一节　会计概述

一、会计的定义及职能

（一）会计的定义

会计是以货币为主要计量单位，运用专门的方法，核算和监督一个单位经济活动的一种经济管理工作。会计是随着人类社会生产的发展和经济管理的需要而产生、发展并不断完善起来的。人类文明不断进步，社会经济活动不断革新，生产力不断提高，会计的核算内容、核算方法等也得到了较大发展，逐步由简单的计量与记录行为发展成为以货币单位综合地反映和监督经济活动过程的一种经济管理工作，并在参与单位经营管理决策、提高资源配置效率、促进经济健康持续发展方面发挥积极作用。

> ☞ 提示
> 　　货币是会计的主要计量单位，而不是唯一计量单位。

会计的基本特征如图 1-1 所示。

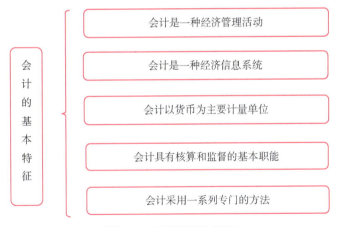

图 1-1　会计的基本特征

（二）会计的职能

会计具有核算和监督两项基本职能，还具有预测经济前景、参与经济决策、评价经营业绩等拓展职能。

会计的核算职能，又称会计反映职能，是指会计以货币为主要计量单位，对特定主体的经济活动进行确认、计量和报告。会计核算贯穿于经济活动的全过程，是会计最基本的职能。会计核算的内容主要包括：①款项和有价证券的收付；②财物的收发、增减和使用；③债权、债务的发生和结算；④资本、投融资的增减；⑤收入、支出费用、成本的计算；⑥财务成果的计算和处理；⑦需要办理会计手续、进行会计核算的其他事项。

会计的监督职能，又称会计控制职能，是指对特定主体经济活动和相关会计核算的真实性、合法性和合理性进行审查。

会计核算与会计监督两项基本职能相辅相成、辩证统一。会计核算是会计监督的基础，没有会计核算所提供的各种信息，会计监督就失去了依据；而会计监督又是会计核算质量的保障，如果只有会计核算没有会计监督，就难以保证会计核算所提供信息的真实性和可靠性。

二、会计基本假设和会计基础

（一）会计基本假设

会计基本假设是企业会计确认、计量、记录和报告的前提，是对会计核算所处时间、空间环境等所作的合理设定。会计基本假设包括会计主体、持续经营、会计分期和货币计量。

1. 会计主体

会计主体是指会计工作服务的特定单位，是企业会计确认、计量和报告的空间范围。会计主体假设，也就是说企业应当对其自身发生的交易或者事项进行会计确认、计量和报告，反映企业本身所从事的各项生产经营活动。会计主体界定了会计核算的空间范围。

【例1-1】自然人张三以投资设立了A公司和B公司，虽然A和B两家公司的股东都是张三，但是A公司和B公司要作为两个不同的主体分开核算。不能将A公司的业务放到B公司核算，也不能将B公司的业务放到A公司核算，更不能将A公司、B公司的业务放到一起核算。

2. 持续经营

持续经营是指在可预见的将来（通常为下一个会计年度），企业将会按当前的规模和状态继续经营下去，不会停业，也不会大规模削减业务。在持续经营的前提下，会计确认、计量和报告应当以企业持续、正常的生产经营活动为前提。持续经营是会计分期的前提。

【例1-2】2019年，A公司股东张三预计在2020年6月把A公司出售。那么，2019年就不能再按持续经营对A公司进行会计核算。

3. 会计分期

会计分期是指将一个企业持续经营的生产经营活动划分为一个个连续的、长短相同的期间。由于会计分期，才产生了当期与以前期间、以后期间的差别，才使不同类型的会计主体有了记账的基准，进而出现了折旧、摊销等会计处理方法。

在会计分期假设下，企业应当划分会计期间，分期结算账目和编制财务报告。会计期间通常分为年度和中期。中期是指短于一个完整的会计年度的报告期间，如月度、季度、半年度等。

【例1-3】如果没有会计分期，A公司只有到关门的那天才能核算出亏损或是盈利了多少。会计分期，使我们对不同期间的资产状况、经营成果有了更加直观的印象。

4. 货币计量

货币计量是指企业在会计确认、计量和报告时以货币计量，记录和反映企业生产经营过程和经营成果。企业所有的经济业务，首先必须以货币为计量单位。对于存货等有实务形态的资产，可以以数量金额式计量核算。

业务收支以人民币以外的货币为主的企业，可以选定某种外币作为记账本位币，但是编制的财务会计报告应折算为人民币。

(二) 会计基础

企业会计的确认、计量和报告应当以权责发生制为基础。权责发生制基础要求，凡是当期已经实现的收入和已经发生或应当负担的费用，无论款项是否收付，都应当作为当期的收入和费用，计入利润表；凡是不属于当期的收入和费用，即使款项已在当期收付，也不应当作为当期的收入和费用。

【例1-4】 2019年，A公司收到客户货款100万元，但是商品还未交给客户，尚在生产中。A公司虽然已经收到这笔业务款项，但销售并未实现，按照权责发生制，不能确认为收入。

会计处理如下：
借：银行存款　　　　　　　　　　　　　　　　　　　1 000 000
　　贷：预收账款　　　　　　　　　　　　　　　　　　　　1 000 000

三、会计信息质量要求

会计信息质量要求是对企业财务报告中所提供会计信息质量的基本要求，是使财务报告中所提供会计信息对投资者等信息使用者决策有用应具备的基本特征，主要包括可靠性、相关性、可理解性、可比性、实质重于形式、重要性、谨慎性和及时性等。

(一) 可靠性

可靠性要求企业应当以实际发生的交易或者事项为依据，如实反映符合确认和计量要求的会计要素及其他相关信息，保证会计信息真实可靠、内容完整。

如果企业以虚假的交易或者事项进行确认、计量和报告，属于违法行为，不仅会严重损害会计信息质量，还会误导投资者，干扰资本市场，导致会计秩序、财经秩序混乱。

为了贯彻可靠性要求，我们应当做到以下几点。

(1) 不对虚构的、没有发生的或者尚未发生的交易或者事项进行会计处理。

(2) 编报的报表及其附注内容等应当保持完整，不能随意遗漏或者减少应予披露的信息，与使用者决策相关的有用信息都应当充分披露。

(3) 不得为达到事先设定的财务结果或效果，有选择性地列示会计信息以影响决策和判断。

(二) 相关性

相关性要求企业提供的会计信息应当与财务报告使用者的经济决策需要相关。

会计信息质量的相关性要求，需要企业在确认、计量和报告会计信息的过程中，充分考虑使用者的决策模式和信息需要。相关性是以可靠性为基础的，两者之间并不矛盾，不应将两者对立起来。也就是说，会计信息在可靠性前提下，应尽可能地保证相关性，以满足投资者等财务报告使用者的决策需要。

(三) 可理解性

可理解性，即清晰性，要求企业提供的会计信息应当清晰明了，便于投资者等财务报告使用者理解和使用。企业编制财务报告、提供会计信息的目的在于使用，而要使使用者有效使用会计信息，应当能让其了解会计信息的内涵，弄懂会计信息的内容，这就要求财务报告所提供的会计信息应当清晰明了、易于理解。只有这样，才能提高会计信息的有用性，实现财务报告的目标，满足向投资者等财务报告使用者提供决策有用信息的要求。

（四）可比性

可比性要求企业提供的会计信息应当相互可比，包括纵向可比和横向可比。

纵向可比，即同一企业不同时期可比。要求同一企业不同时期发生的相同或者相似的交易或者事项，应当采用一致的会计政策，不得随意变更。

横向可比，即不同企业相同会计期间可比。要求不同企业同一会计期间发生的相同或者相似的交易或者事项，应当采用规定的会计政策，确保会计信息口径一致、相互可比，以使不同企业按照一致的确认、计量和报告要求提供有关会计信息。

（五）实质重于形式

实质重于形式要求企业应当按照交易或者事项的经济实质进行会计确认、计量和报告，不仅仅以交易或者事项的法律形式为依据。

企业发生的交易或事项在多数情况下，其经济实质和法律形式是一致的。但在有些情况下会出现不一致。

【例1-5】A 公司以融资租赁方式租入一台生产设备。在会计处理上就应当将该生产设备视为企业的资产，列入企业的资产负债表，并计提折旧，而不是计入租赁费。该融资租赁设备投入使用时会计处理如下：

借：固定资产——融资租赁固定资产
　　贷：应付账款——其他应付款

虽然从形式来讲企业并不拥有其所有权，但是由于租赁合同中规定的租赁期相当长，接近该资产的使用寿命；租赁期结束时承租企业有优先购买该资产的选择权；在租赁期内承租企业有权支配资产并从中受益等，因此，从其经济实质来看，企业能够控制该生产设备，并拥有其所创造的未来经济利益的所有权，符合资产的定义。

（六）重要性

重要性要求企业提供的会计信息应当反映与企业财务状况、经营成果和现金流量有关的所有重要交易或者事项。

如果会计信息的省略或者错报会影响投资者等财务报告使用者据此做出决策的，该信息就具有重要性。

重要性的应用需要依赖职业判断，企业应当根据其所处环境和实际情况，从项目的性质和金额大小两个方面加以判断。

（七）谨慎性

谨慎性要求企业应当对交易或者事项进行会计确认、计量和报告保持应有的谨慎，不应高估资产或者收益、低估负债或者费用。

会计信息质量的谨慎性要求，企业在面临不确定性因素的情况下做出职业判断时，应当保持应有的谨慎，充分估计各种风险和损失，既不高估资产或者收益，也不低估负债或者费用。例如，要求企业对可能发生的资产减值损失计提资产减值准备、对售出商品可能发生的保修义务等确认预计负债等，就体现了会计信息质量的谨慎性要求。

谨慎性不允许企业设置秘密准备，如果企业故意低估资产或者收益，或者故意高估负债或者费用,将不符合会计信息的可靠性和相关性要求,会损害会计信息质量,扭曲企业实际的财务状况和经营成果,从而对使用者的决策产生误导,这是会计准则所不允许的。

(八) 及时性

及时性要求企业对于已经发生的交易或者事项,应当及时进行确认、计量和报告,不得提前或者延后。会计信息的价值在于帮助所有者或者其他方面做出经济决策,具有时效性。即使是可靠、相关的会计信息,如果不及时提供,就会失去时效性,对于使用者的效用就大大降低甚至不再具有实际意义。

在会计确认、计量和报告过程中应贯彻及时性,一是要求及时收集会计信息;二是要求及时处理会计信息并编制出财务报告;三是要求将及时编制的财务报告传递给财务报告使用者。

四、会计要素

会计要素是对会计对象所作的基本分类,是会计核算对象的具体化,是用于反映会计主体财务状况和经营成果的基本单位。会计要素的界定和分类可以使财务会计系统更加科学严谨,为投资者等财务报告使用者提供更加有用的信息。

《企业会计准则》将会计要素分为资产、负债、所有者权益(股东权益)、收入、费用(成本)和利润六个会计要素,如图 1-2 所示。其中,资产、负债和所有者权益(股东权益)三项会计要素侧重反映企业的财务状况,构成资产负债表要素;收入、费用(成本)和利润三项会计要素侧重于反映企业的经营成果,构成利润表要素。

图 1-2 会计六要素

(一) 资产

资产是指企业过去的交易或者事项形成的、由企业拥有或者控制的、预期会给企业带来经济利益的资源。资产的特征如图 1-3 所示。

图 1-3 资产的特征

资产的确认条件包括：①与该资源有关的经济利益很可能流入企业；②该资源的成本或者价值能够可靠地计量。

资产通常分为流动资产和固定资产两大类，前者如货币资产、存货、应收账款等，后者如长期投资、房屋设备等。根据经济周转特性的不同，资产可以分为流动资产、长期投资、固定资产、无形资产和递延资产等。另外，根据特殊的目标，资产又可划分为非金融资产和金融资产、货币性资产和非货币性资产等类别。

（二）负债

负债是指企业过去的交易或者事项形成的，预期会导致经济利益流出企业的现时义务。负债的特征如图1-4所示。

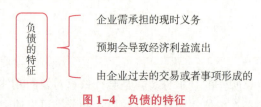

图1-4　负债的特征

负债的确认条件包括：①与该义务有关的经济利益很可能流出企业；②未来流出的经济利益的金额能够可靠地计量。

负债可以分为流动负债和非流动负债。其中，流动负债是指将在1年（含1年）或者超过1年的一个营业周期内偿还的债务，包括短期借款、应付及预收款项、预提费用等；非流动负债是指偿还期在1年或者超过1年的一个营业周期以上的债务，包括长期借款、应付债券、长期应付款等。

（三）所有者权益

所有者权益，又称为股东权益，是指企业资产扣除负债后，由所有者享有的剩余权益。是投资者对企业净资产的所有权，是所有者对企业资产的剩余索取权。所有者权益的计算公式为

$$所有者权益=资产-负债$$

所有者权益的构成如图1-5所示。

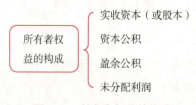

图1-5　所有者权益的构成

（四）收入

收入是指企业在日常活动中形成的，会导致所有者权益增加的，与所有者投入资本无关的经济利益的总流入。因此，收入是会计活动带来的结果。

按照企业从事日常活动的性质，可以将收入分为销售商品收入、提供劳务收入、让渡资产使用权收入、建造合同收入等。

按照企业从事日常活动在企业的重要性，可以将收入分为主营业务收入、其他业务收入等。

（五）费用

费用是指企业在日常活动中形成的，会导致所有者权益减少的，与向所有者分配利润无关的经济利益的总流出。费用是企业为获得收入而付出的相应"代价"。

费用的确认至少应当符合以下条件：一是与费用相关的经济利益很可能流出企业；二是经济利益流出企业的结果会导致资产的减少或者负债的增加；三是经济利益的流出额能够可靠计量。

（六）利润

利润是指企业在一定会计期间的经营成果，包括收入减去费用后的余额、直接计入当期利润的利得和损失。如果企业实现了利润，表明企业的所有者权益将增加，业绩得到了提升；反之，如果企业发生了亏损，表明企业的所有者权益将减少，业绩下滑。净利润的计算公式为

净利润＝收入－成本－税金及附加－三项费用－营业外收支净额－所得税费用

第二节 财务部门的职能及组织架构

一、财务部门的职能

财务部门是指组织领导和具体从事财务管理工作的职能部门，其工作内容主要包括以下几点。

（一）制度建设

（1）负责组织制定公司的财务管理制度。

（2）负责组织制定公司的内部会计控制制度。

（3）负责组织制定公司的预算管理办法。

（4）参与公司其他基本制度的制定。

（二）会计核算

（1）根据国家会计制度建立并完善公司的财务核算体系。

（2）及时、准确地对公司的经济业务进行账务处理。

（3）准确、及时地编制公司财务报告。

（4）参与公司的经营分析。

（5）为公司生产经营决策提供准确、及时的财务信息。

（三）资金管理

（1）筹措公司生产经营资金。

（2）合理、高效地调度公司资金。

（3）定期对公司的资金营运能力进行分析。

(4) 对公司的债权债务控制进行分析。

(5) 为公司的生产经营提供良好的资金支持。

(四) 预算和绩效管理

(1) 组织制定公司年度财务预算及规划。

(2) 复核各项目目标收益成本，并提交上级审批。

(3) 根据公司财务管理办法，审核各项目、分公司及职能部门的各项费用。

(4) 提供预算执行分析报告，并提出处理意见报公司总经理。

(5) 监督财务预算及项目目标成本的执行情况。

(五) 成本管理

(1) 拟定公司的成本控制措施。

(2) 下达公司各产品或项目目标成本。

(3) 监督成本的开支范围。

(4) 审核公司各项费用的真实性、合法性。

(5) 对成本进行成本分析并提出可行性建议。

(6) 为公司的经营投标报价提供准确的成本数据。

(六) 风险控制

(1) 参与公司经济合同（特别是项目承包合同、工程分包合同、物资采购合同）的会审。

(2) 参与公司重大经营、投资项目决策。

(3) 配合其他部门，分析投标项目的经营风险和财务风险。

(4) 定期检查公司生产经营中存在的风险。

(5) 提出风险控制措施。

二、财务部门的组织架构

一般公司的财务部门以会计核算为主要工作内容，在该方向下设多个岗位，如总账会计、成本会计、应收款会计、应付款会计、税务会计、薪酬会计、资金会计等。

一般公司的财务部门组织架构如图1-6所示。

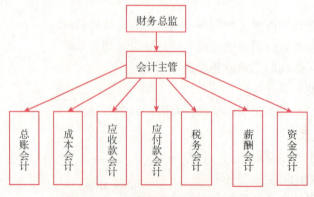

图1-6 一般公司的财务部组织架构

财务共享服务中心（Financial Shared Service Center，FSSC）是将不同国家、地点的实体的会计业务拿到一个共享服务中心来记账和报告，是近年来出现并流行起来的会计和报告业务管理方式。

统一处理保证了会计记录和报告的规范、结构的统一，而且由于不需要在每个公司和办事处都设会计岗位，节省了系统和人工成本，达到降低成本、提升客户满意度、改进服务质量、提升业务处理效率的目的。

经济全球化和高新技术的发展产生了财务共享服务。因为前者使会计工作随着企业经营的国际化而分散到世界各地，而后者又使会计工作随着网络和计算机的应用而大大简化。在这样的条件下，按照传统方式组织财务工作，势必造成那些分散在世界各地的子公司用于会计的人力和物力资源不能满负荷运作。因此，在信息技术的基础上，利用各种新兴的技术手段，搭建财务共享服务平台，将全球范围内的会计核算集中起来，提高财务工作的效率，既有必要性，又有可行性。

财务共享服务中心如图 1-7 所示。

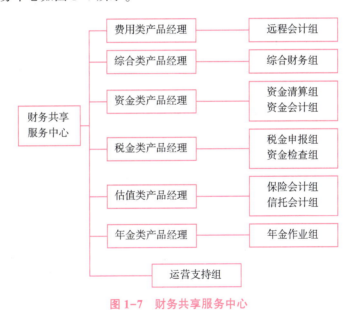

图 1-7　财务共享服务中心

第三节　财务分工和岗位职责

一、财务分工

一般把财务部门划分为会计、资金和管理三个方向，并且分别由三个主管来负责这三个方向的工作。会计主要负责会计核算方面的工作；资金负责资金管理（包括融资、银行授信评级、资金预算管理等）方面的管理工作；管理是指财务部门对成本费用、预算、项目的监督管理工作，定期提供数据分析，重点分析存在的问题并提出解决的办法。

个体的岗位可以根据各个方向的需要设置。各个企业的具体情况不一样，要求也不一样。岗位的设置一定要符合企业自身的特点。例如，传统制造型企业一般会专门设置成本核算岗，贸易型企业的成本核算工作一般由总账会计兼任。

本书所讲述的内容是会计实务，也就是财务分工项下的会计方向。通常会计主管会把会计核算的岗位进行分解，设置以下会计核算的岗位：总账会计、成本会计、资金会计、材料会计、应收应付会计、税务会计。

上述讲的都是通用情况下的企业财务架构，每个企业还需要根据本单位业务活动的规模、特点和管理，增加、合并或减少相应的工作岗位。

二、岗位职责

（一）会计主管

会计主管负责组织和领导公司的会计工作，提供规范化、标准化的会计核算和财务管理服务；根据法规和公司管理制度，负责拟定、完善、贯彻执行公司各项财务管理制度；负责制定公司财务岗位职责，进行岗位考核；负责公司内部控制制度建设，规范会计核算，如实反映财务状况和经营成果；依据公司各相关管理制度，对各项经营活动进行监督、审核；组织编制会计报表、财务报告及相关管理报表，并定期向总经理或公司股东报送，对会计信息的真实性和及时性承担直接责任；负责组织年度预算的编制、控制、分析并及时反馈各单位预算的执行情况；严格执行收支两条线，维护财经纪律；负责组织现金、存货、固定资产等资产的盘点清查工作，不定期对现金进行盘点，加强客户信用和应收账款回笼管理，确保授信安全；依据生产的特殊性，完善成本核算管理方法，组织成本费用分析；规范会计档案管理，保证会计资料的安全完整；监督、控制及统一管理相关对外报送的财务资料和统计资料；接受和配合内部及外部的审计、检查工作，及时纠正违规事项；加强与银行、税务、财政、审计等部门的沟通和协调，并保持良好关系；做好本部人员的培训工作；负责协调财务部与其他各部门之间的工作关系等。

（二）总账会计

总账会计审核记账凭证，据实登记各类明细账，并根据审核无误的记账凭证汇总、登记总账；负责设置本企业会计科目、会计凭证和会计账簿，并指导会计人员做好记账、结账和对账工作；定期对总账与各类明细账进行结账，并进行总账与明细账的对账，保证账账相符；月底负责结转各项期间费用及损益类凭证，并据以登账；编制各种会计报表，编写会计报表附注，进行财务报表分析并上报高层管理人员；为企业贷款及企业基础资料汇编工作提供财务数据、报表；为企业预算编制及管理提供财务数据，为统计人员提供相关财务数据。

（三）成本会计

成本会计负责工厂的成本核算，根据公司统一的成本核算制度和规定，在规定的时间内完成上期产品成本核算；对原材料的购进、发出，完工产品的入库、销售出库、退回等及生产过程进行管控和监督；对车间统计员、仓管保管员、仓库记账员等的工作进行指导，以保证其提供的成本核算的数据准确、及时和全面；对车间统计所做的原材料/半成品进出存报表、员工生产报表等报表进行审核汇总，以便按品种、规格、型号进行成本核算；对车间统

第三节　财务分工和岗位职责

计、仓管的工作从业务上给予指导和监督，要求其按规定进行运作；每月定期完成厂部的成本核算和分析报表；完成会计主管交办的其他工作。

（四）资金会计

资金会计负责协助会计主管拟定资金管理制度和相关管理流程，编制资金年度计划；负责分析企业资金月度使用情况，并编制月度资金使用分析报告；负责企业现金流的日常监控与管理，参与资金统一调度，提高资金使用效率；负责现金及银行存款的日常收支业务，完成月末对账结账工作；负责通知收到各单位的账款情况，答复各单位银行账务查询；负责企业库存现金与票据的日常监控及管理，定期盘点并上报报表；负责协助完成企业现金流报表体系，定期汇报现金流变动情况并及时预警；负责协助企业其他相关部门的业务，维护好与各银行的关系；负责资金管理档案的归档及文书处理工作；按时完成领导交办的其他相关工作。

（五）材料会计

材料会计审核仓库的出入库单据是否符合公司相关规定，手续是否完整、正确；建立健全材料分类明细账，指导仓库建立健全材料分类明细账，做到账账相符；根据审核无误的材料发票、入库单，及时进行账务处理，正确核算存货与应付账款；月末根据采购合同对货到票未到的材料入库单进行暂估核算；根据已编会计凭证登记材料明细账，月底结出余额并与总账、仓库材料台账库存进行核对；参加月末仓库实地盘点，及时反映仓库盘盈盘亏情况，确保账账、账实相符；定期或不定期组织仓库部门对各种货物进行抽盘，做到账实相符；完成公司领导交办的其他临时性工作。

（六）应收应付会计

应收应付会计是在会计主管的领导下，根据公司规章制度和经济活动的核算流程，对产品销售和销售费用进行核算；负责产品的发货、回款、退换货会计核算；编制收款、付款会计凭证并登记应收应付账款明细账；定期与销售部、采购部等部门核对应收账款、预收账款、应付账款、预付账款、其他应收应付；建立健全发出产品分类明细账，做到账账相符；负责对客户开票情况的审核；与销售部沟通应收账款账龄，对应收账款金额较大、账龄较长的客户进行重点跟踪，包括及时与客户对账，查明原因并向公司汇报；提供相应的销售情况分析，保证公司的销售款及时到账；完成公司领导交办的其他临时性工作。

（七）税务会计

税务会计负责各种发票领购、保管，按规定及时登记发票领购簿；正确、及时地开具各种发票，对异地纳税要开出外出经营活动证明并作登记备查；严格对各种发票特别是增值税专用发票进行审核，及时进行发票认证；规范本地、异地各项涉税事项的核算、管理流程，对发现的问题及时反映；负责编制税务局需要的各种报表，每月按时进行纳税申报，用好税收政策，规避企业涉税风险，依法纳税，负责减免税、退税的申报；做好公司的统计工作，填报公司涉税的各种统计报表；负责税金及附加、应交税费、所得税科目凭证明细账核对；负责记账凭证的及时装订、税务相关资料的装订存档；每月对纳税申报、税负情况进行综合分析，提出合理化建议；完成领导交办的其他工作。

第二章

资金会计

知识目标

- 了解资金会计的岗位职责。
- 掌握现金收付业务流程。
- 掌握网银收付款业务流程。
- 掌握银行承兑汇票业务流程。

技能目标

- 能进行日常的现金收付工作。
- 能完成日常的网银收付款工作。
- 能处理银行承兑汇票业务。

第一节 资金会计概述

知识导图

引导案例

某公司因业务发展需要招聘了王某任出纳。开始,他还勤恳、敬业,公司领导和同事对他的工作都很满意。但受到同事在股市赚钱的诱惑,王某也开始涉足股市。然而事非所愿,进入股市后资金很快被套牢,他急于翻本又苦于没有资金,开始对自己每天经手的现金动了邪念,凭着财务主管对他的信任,拿了财务主管的财务专用章在自己保管的空白现金支票上任意盖章取款。月底,银行对账单也是由王某到银行提取且自行核对,因此在很长一段时间该行为未被发现。至案发时,公司蒙受了巨大的经济损失。

思考:王某为什么可以挪用公款而没有被发现?

第一节 资金会计概述

一、资金会计的定义

狭义上的资金会计是指出纳,广义上的资金会计是指所有参与货币资金管理的会计人员，本书采用广义的概念。其中，出纳主要负责管理货币资金的收入和支出，非出纳的资金会计负责货币资金的账务处理。

企业的货币资金包括库存现金、银行存款和外埠存款、银行汇票存款、银行本票存款、信用证存款、信用卡存款、存出投资款等其他货币资金。

资金会计之所以要区分出纳人员和非出纳人员，根本原因是要做到"钱账分管"。如果一个人既管钱又管账，那么他进行贪污的机会和可能性就大。因此，对于货币资金的管理就需要十分严格，要有相互监督和制约的手段。

《会计基础工作规范》第十二条规定："会计工作岗位，可以一人一岗、一人多岗或者一岗多人。但出纳人员不得兼管稽核、会计档案保管和收入、费用、债权债务账目的登记工作。"出纳只负责管理货币资金的收支并序时登记日记账，不负责账目处理，非出纳的资金会计只负责账目处理，不接触货币资金的收支。二者需要定期核对库存现金和银行存款的余额，针对不相符的要及时查明原因。

二、资金会计的岗位职责

（一）货币资金的收付与结算

1. 负责办理银行存款的收付业务

按照银行结算制度和企业资金管理制度，办理银行存款的收付业务。

2. 负责办理现金收付款业务

进行现金收款时要将钱款当面点清，特别是对于大额钞票，需使用恰当的手段辨别真伪。

收付款前要仔细检查原始凭证内容是否真实、合理、合法，是否经过会计主管人员或单位领导的审核及授权，如缺少相关流程则不予受理，待补全手续和签名后再办理款项收付。

收付款后，要在收付款凭证上签章，并加盖"收讫""付讫"戳记。用现金付款的，需领款人亲自清点确认金额并签字。

3. 负责办理银行开户、变更、销户

负责办理银行开户、变更、销户，开立网银账户并熟练掌握网银收付款业务。

在准确办理业务后，需及时通过网银打印或前往银行打印银行收、付款回单，做好原始凭证的及时传递工作，让会计人员及时根据原始凭证入账。

每月领取银行对账单协助会计人员对账。

每年配合审计人员领取银行询证函。

4. 负责填开商业汇票、支票和收据

要认真填写日期、单位、用途，金额要用大写、小写的正确格式分别书写，并确保金额一致，如贰仟零壹拾捌元整（2 018.00 元）。

（1）财务金额大写由数字（零、壹、贰、叁、肆、伍、陆、柒、捌、玖）和数位（拾、佰、仟、万、亿），以及单位（元或圆、角、分）组成。

（2）大写金额到"元"为止的，需在最后写"整"字。

（3）大写金额前未印有货币名称的（如"人民币""美元"），应加填货币名称，且货币名称与大写金额之间不得留有空白。

（4）写 10~19 中的数字时不要漏写"壹"，即不应该写"拾玖"，而应该写"壹拾玖"。

（5）票据的出票日期也须使用中文大写。

5. 负责协助办理各类银行筹资业务

负责协助办理各类银行筹资业务，与银行等金融机构保持良好关系，争取优惠政策和利率，最大限度地节省融资成本，降低财务风险。

6. 负责监控公司资金收付动态

负责监控公司资金收付动态，及时向会计主管汇报，拟定资金调配方案并上报审批。

每月提前计算并留足资金，保证每月水电费及贷款利息按时支付；熟悉国家有关职工保险和税收政策，及时准确地缴纳社会保险、公积金及税金。

（二）相关资产的保管

（1）负责妥善保管现金、银行票据（支票、银行汇票、商业汇票、银行本票等）、有价证券（股票和债券）、财务印章等，使用完毕要将其放入保险柜。要牢记保险柜密码，严加保管保险柜钥匙，不得随意将其交予他人。

（2）严格控制签发空白支票。如因特殊情况确需签发不填写金额的转账支票时，必须在支票上写明收款单位名称、款项用途、签发日期，规定限额和报销期限，并由领用支票人在专设登记簿上签章，逾期未用的空白支票应交给签发人。

（3）库存现金不得超过银行核定的限额，要及时将超过部分存入银行。不得以"白条"抵充现金，更不得任意挪用现金。

（4）出纳人员必须妥善保管印章，严格按照规定用途使用。空白的支票和预留银行印鉴章必须由两人分别保管。

（5）对于空白收据和空白支票必须严格管理，专设登记簿登记，认真办理领用注销手续，按照收据和支票的编号登记，如被领用则将该编号注销。

（6）对于填写错误的支票，必须加盖"作废"印章，与存根一并保存。支票遗失时要立即向银行办理挂失手续。

知识拓展

常见的票据有银行汇票和银行本票、支票及商业汇票。

1. 银行汇票和银行本票

银行汇票和银行本票都是由付款人银行出票，且承诺见票即付的票据，区别在于银行汇票支持同城或异地款项结算，按照交易的实际金额付款；而银行本票只支持同城结算且按照固定金额支付。

2. 支票

支票是由付款人自己出票，委托办理支票存款业务的银行在见票时无条件支付的票据。现金支票只能支取现金，转账支票只能用于转账，普通支票既可支取现金也可用于转账。不得签发空头支票（空头支票是指票据金额超过出票人在银行的实有存款的支票，无法支付）。

3. 商业汇票

商业汇票是指由出票人签发的，委托付款人也就是承兑人（企业或银行）在指定日期无条件支付确定的金额给收票人或持票人的票据。按照承兑人的不同，商业汇票划分为商业承兑汇票和银行承兑汇票。商业承兑汇票的出票人可以是付款人，也可以是收款人；银行承兑汇票的出票人只能是付款人。

（三）货币资金的记录与核对

（1）根据已经办理完毕的收付款凭证，逐笔顺序登记库存现金日记账（表2-1）和银行存款日记账（表2-2），并结出余额。每天下班前将库存现金与现金总账余额相核对，将网银余额与银行存款总账余额相核对。

表 2-1　现金日记账

年		记账凭证号数	摘要	对方科目	页数	借方	贷方	借或贷	余额
月	日					百十万千百十元角分	百十万千百十元角分		百十万千百十元角分

表 2-2　银行存款日记账

账户名称_____　　　　　　　　账号_____

年		记账凭证号数	摘要	对方科目	页数	借方	贷方	借或贷	余额
月	日					百十万千百十元角分	百十万千百十元角分		百十万千百十元角分

（2）核对不相符的要及时查明原因，对不按现金管理规定进行盘点清查而造成的资金损失，由出纳个人负责赔偿。

（3）定期将企业所记银行存款日记账与银行所记银行对账单进行核对，在未发生错账的情况下，出现一方已记账，另一方因未收到有关原始凭据而未入账的，需编制银行存款余额调节表，如表2-3所示。注意：编制人员应该是非出纳的会计人员，不能自己检查自己的工作。

表2-3 银行存款余额调节表

年　月　日

账户名称：　　　　　　　　　　　　　账号：

项目
银行对账单余额（　年　月　日）
加：企业已收、银行尚未入账金额［企收银未收］
其中：1.＿＿＿＿＿元
2.＿＿＿＿＿元
减：企业已付、银行尚未入账金额［企付银未付］
其中：1.＿＿＿＿＿元
2.＿＿＿＿＿元
调整后银行对账单金额［应与调节后的日记账余额相符］
企业银行存款日记账金额（　年　月　日）
加：银行已收、企业尚未入账金额［银收企未收］
其中：1.＿＿＿＿＿元
2.＿＿＿＿＿元
减：银行已付、企业尚未入账金额［银付企未付］
其中：1.＿＿＿＿＿元
2.＿＿＿＿＿元
调整后企业银行存款日记账金额［应与调节后的对账单余额相符］
经办人员［非出纳］：（签字）　　　　　　　　　　会计主管：（签字）

三、资金会计的岗位控制

（一）良好的货币资金管理的基本要求

（1）资金收支与记账岗位分离。

（2）收支有合理、合法的凭据。

（3）全部收支及时、准确地入账，支出要有核准手续。

（4）控制现金坐支，应及时将当日收入现金送存银行。

（5）按月盘点现金，按月编制银行存款余额调节表，做到账实相符。

☞ 想一想

坐支是指直接从本单位的现金收入中支出现金，为什么不能这样做？

（二）货币资金岗位分工及授权批准

（1）出纳人员不得兼任稽核、银行存款余额调节表编制、会计档案保管和收入、支出、费用、债权债务账目的登记工作。不得由一人办理货币资金业务的全过程。

（2）审批人应按规定在授权范围内进行审批，不得超越审批权限。对于超越授权范围审批的货币资金业务，资金会计有权拒绝办理，并及时向审批人的上级领导报告。

（3）按规定程序办理货币资金支付业务。具体来说有以下几个程序。①申请：付款或借款时，提前提交支付申请；②审批：批准人员根据职责、权限对支付申请进行审批；③复核：财务部门复核批准后的货币资金支付申请；④办理：资金会计办理货币资金支付手续，及时登记库存现金和银行存款日记账。

会计分录如下：

借：应付账款——客户名称
    贷：库存现金/银行存款
借：短期借款/长期借款
    贷：库存现金/银行存款
借：管理费用/营销费用等
    贷：库存现金/银行存款

（4）对于重要货币资金支付业务，应实行集体决策和审批。

（5）严禁未经授权的机构或人员办理货币资金业务或直接接触货币资金。

（三）现金和银行存款的管理

（1）应及时将超过库存限额的现金存入银行。

会计分录如下：

借：银行存款
    贷：库存现金

（2）超过现金开支范围的业务应通过银行办理转账结算。

（3）应及时将现金收入存入银行，不得用于直接支付自身的支出。遇到特殊情况需坐支现金，应事先报经开户银行审查批准。

（4）货币资金收入必须及时入账，不得私设"小金库"，不得账外设账，严禁收款不入账。

（5）加强银行账户的管理。定期检查、清理银行账户的开立及使用情况，发现问题，及时处理。

（6）不签发没有资金保证的票据或远期支票。

（7）指定专人（出纳除外）定期核对银行账户，每月至少核对一次，编制银行存款余额调节表。

（8）定期和不定期地盘点现金，确保现金账面余额与实际库存相符。若发现不符，及时查明原因，做出处理。

（四）票据及有关印章的管理

（1）明确各种票据的购买、保管、领用、背书转让、注销等环节的职责权限和程序，并专设登记簿进行记录，防止空白票据遗失和被盗用。

（2）财务专用章应由专人保管，个人名章由本人或其授权人员保管。严禁一人保管支付款项所需的全部印章。

第二节　现金收付业务

一、现金的使用范围

《现金管理暂行条例实施细则》第六条规定：开户单位之间的经济往来，必须通过银行进行转账结算。根据国家有关规定，开户单位只可在下列范围内使用现金。

（1）职工工资、各种工资性津贴。

借：应付职工薪酬
　　贷：库存现金/银行存款

（2）个人劳务报酬，包括稿费和讲课费及其他专门工作报酬。

借：管理费用
　　贷：应付职工薪酬

借：应付职工薪酬
　　贷：库存现金/银行存款

（3）交付给个人的各种奖金，包括根据国家规定颁发给个人的科学技术、文化艺术、体育等各种奖金。

①支付销售人员奖金：

借：销售费用
　　贷：应付职工薪酬

借：应付职工薪酬——奖金
　　贷：库存现金/银行存款

②支付管理人员奖金：

借：管理费用
　　贷：应付职工薪酬

借：应付职工薪酬——奖金
　　贷：库存现金/银行存款

③支付生产部门管理人员奖金：

借：制造费用
　　贷：应付职工薪酬

借：应付职工薪酬——奖金
　　贷：库存现金/银行存款

④支付生产部门人员奖金：
借：生产成本
　　贷：应付职工薪酬
借：应付职工薪酬——奖金
　　贷：库存现金/银行存款

（4）各种劳保、福利费用及国家规定的对个人的其他支出，如退职、退休费和其他按规定发给个人的费用。

①支付销售人员福利费或其他费用：
借：销售费用
　　贷：应付职工薪酬
借：应付职工薪酬
　　贷：库存现金/银行存款

②支付管理人员福利费或其他费用：
借：管理费用
　　贷：应付职工薪酬
借：应付职工薪酬
　　贷：库存现金/银行存款

③支付生产部门管理人员福利费或其他费用：
借：制造费用
　　贷：应付职工薪酬
借：应付职工薪酬
　　贷：库存现金/银行存款

④支付生产部门人员福利费或其他费用：
借：生产成本
　　贷：应付职工薪酬
借：应付职工薪酬——奖金
　　贷：库存现金/银行存款

（5）向个人或不能转账的集体单位（未在银行开立账户的单位）购买农副产品和其他物资或接受劳务支付的价款。
借：原材料
　　应交增值税——应交增值税进项税额
　　贷：库存现金

（6）出差人员必须随身携带的差旅费。
①支付员工预借差旅费：
借：其他应收款
　　贷：库存现金/银行存款

②报销时，报销金额少于借款金额：
借：管理费用——差旅费

库存现金（多余现金退回）
　　贷：其他应收款
③报销时，报销金额超过借款金额：
借：管理费用——差旅费
　　贷：其他应收款
　　　　库存现金

（7）支付各单位（已在银行开立账户的单位）且在转账结算起点（1 000元）以下的零星支出。
借：应付账款
　　贷：库存现金/银行存款

（8）中国人民银行确定的需要现金支付的其他支出。
借：其他应付款
　　贷：库存现金/银行存款

> **想一想**
> 为什么要限制现金的使用范围？

二、现金收入业务流程

（一）一般现金收入业务

一般现金收入业务是指出纳人员直接收取的由其他单位、部门或个人交来的现金的业务，处理程序如下。

（1）检查有关原始凭证是否齐备，并审核其真实性。
（2）确定有关原始凭证无误后，当面清点并收妥现金。
（3）开具收款收据，填写清楚"交款单位""日期"，货物或服务的"名称""单位""数量""单价""金额"，收款后加盖"现金收讫"印章，将"客户联"撕下交给客户。
（4）将收到的现金存入保险柜内。
（5）根据审核无误的凭证登记现金日记账。
借：库存现金/银行存款
　　贷：主营业务收入
　　　　应交增值税——应交增值税销项税额
（6）将收款收据记账联和有关原始凭证交由会计人员记账。

> **知识拓展**
> 　　常见的收款收据为三联式收据，即有三联的收据，是收款后填开给客户的一种凭证，只需填写第一联，后面两联会由复写纸复印上，如表2-4所示。
> 　　第一联：存根联。存根联一般是用来存档的。
> 　　第二联：客户联。购货方用来报销、进行财务记账等的凭证，需加盖本单位财务章。
> 　　第三联：记账联。记账联供售出方留存财务记账用。

表 2-4 收款收据

（二）从银行提取现金业务

从银行提取现金业务是指企业为满足日常开支需要，可以按照有关规定从基本户开户银行提取现金，处理程序如下。

（1）填写现金支票，金额一般以 3~5 天日常零星开支所需库存现金为限。

（2）向开户银行提交现金支票。

（3）取得现金后，应当场点清，确认无误后离开。

（4）将取回的现金存入保险柜内。

（5）根据审核无误的凭证登记现金日记账和银行日记账。

借：库存现金

　　贷：银行存款

（6）将现金支票存根交由会计人员记账。

三、现金支出业务流程

（一）一般现金支出业务

一般现金支出业务是指收款单位或个人持有关凭证到财务部领报现金的业务，处理程序如下。

（1）检查付款单据（如报销单、借据、付款申请单）是否齐备。

（2）检查该单据是否经授权人员审核签字。

（3）审核无误后支付现金，并要求收款人当面点清且在单据上签字。

（4）在审核无误的付款凭证上加盖"现金付讫"印章。

例如，支付购买办公用品的报销单会计分录如下：

借：管理费用——购买办公用品

　　贷：库存现金/银行存款

借：其他应收款

　　贷：库存现金/银行存款

借：应付账款

　　贷：库存现金/银行存款

(5)根据审核无误的凭证登记现金日记账。

(6)将所有已付款的单据及附件交由会计做账。

(7)定期核对现金日记账结余金额是否与会计账面金额一致,如有差异,及时查明原因。

知识拓展

员工出差报销的流程和会计处理如下。

1. 如果提前向公司借款

(1)员工A出差前填写出差申请表,并填写具体的借款金额,经批准后到财务部领款。会计处理如下:

借:其他应收款——员工A
  贷:库存现金

(2)员工A回到公司凭发票填写差旅费报销单,并将报销单据整齐地贴在粘贴单上,由财务审核,并经领导审批后给予报销。

①若报销金额少于借款金额,则员工需返还剩余现金。会计分录如下:

借:库存现金
  管理费用——差旅费
  贷:其他应收款——员工A

②若报销金额超过借款金额,则公司需支付多出的现金,会计分录如下:

借:管理费用——差旅费
  贷:库存现金
    其他应收款——员工A

2. 如果没有提前向公司借款

员工A只需要在出差前提交出差申请单,出差后填写差旅费报销单(不需要填写借款金额)、粘贴报销单据,由财务部审核,相关领导审批后给予报销。

(二)向银行送存现金业务

向银行送存现金业务是指对当日收入的现金或有超过库存限额的现金,应及时送存开户银行,处理程序如下。

(1)送款前应将存款按面值清点整理,并核对金额。

(2)填写现金缴款单,大小写金额要书写规范。

(3)缴存现金,由银行人员清点并确认金额及现金真伪。

(4)确认无误后银行受理,在现金缴款单上加盖公章,并由出纳带回回单联。

会计分录如下:

借:银行存款
  贷:库存现金

(5)根据审核无误的凭证登记现金日记账。

(6)将现金缴款单回单交由会计记账。

四、现金的清查

(一) 现金清查的方法和内容

1. 出纳自行核对

出纳每天下班前或定期将库存现金余额和现金总账余额进行核对。

2. 清查小组现场盘点

出纳和清查小组成员一同在现场对现金进行定期或不定期的盘点、核对。

清查的内容主要包括：①账面金额与实际金额是否相符；②是否有挪用现金、白条抵库、超限额留存现金等情况。

> **知识拓展**
>
> 白条抵库是指支出现金时没有发票或收据等正规付款凭证，只是用白纸写了一个收条或欠条作为现金库存。

3. 编制现金盘点表

应编制现金盘点表，按照现金面值分类计数并进行汇总计算，如账实不符，要由出纳人员说明原因并记录。

4. 签名

现金清查结果由会计主管和出纳人员共同签名。

(二) 常见差错产生的原因

（1）记账方向错误。例如，将收入 250 元误计入支出，则账面余额就会比实际数少 500 元，即 250 元的两倍。

（2）将数字金额少写或多写一个"0"。

（3）小数部分写错。

(三) 现金清查结果的处理

（1）对于违反现金管理规定的行为，如挪用现金、白条抵库、超限额留存现金等，应追究相关人员的责任，并及时予以教育和纠正。

（2）如果现金盘盈，即实际现金多于账面数额，先记入"待处理财产损溢——待处理流动资产损溢"科目；查明原因为应付款的，转入"其他应付款——应付现金溢余"科目；无法查明原因的，转入"营业外收入——现金溢余"科目。

会计分录如下：

①现金盘盈时：

借：库存现金

　　贷：待处理财产损溢——待处理流动资产损溢

②查明原因时：

借：待处理财产损溢——待处理流动资产损溢

　　贷：其他应付款——应收现金溢余

③未查明原因时：
借：待处理财产损溢——待处理流动资产损溢
　　贷：营业外收入——现金溢余

（3）如果现金盘亏，即实际现金少于账面数额，先记入"待处理财产损溢——待处理流动资产损溢"科目；查明原因为应收款的，转入"其他应收款——应收现金短缺款"科目；无法查明原因的，转入"管理费用"科目。

会计分录如下：
①现金盘亏时：
借：待处理财产损溢——待处理流动资产损溢
　　贷：库存现金
②查明原因时：
借：其他应收款——应收现金短缺款
　　贷：待处理财产损溢——待处理流动资产损溢
③未查明原因时：
借：管理费用
　　贷：待处理财产损溢——待处理流动资产损溢

第三节　银行收付款业务

一、银行开户

（一）银行账户的分类

1. 基本存款账户

基本存款账户是指存款人办理日常转账结算和现金收付的账户。存款人只能在银行开立一个基本存款账户，而且开立基本存款账户是开立其他银行结算账户的前提。

2. 一般存款账户

一般存款账户用于办理存款人借款转存、借款归还和其他结算的资金收付。该账户可以办理现金缴存，但不得办理现金支取。另外，该账户的开立数量没有限制。

3. 临时存款账户

临时存款账户是指存款人因临时需要并在规定期限内使用而开立的银行结算账户。存款人有设立临时机构、异地临时经营活动、注册验资情况的，可以申请开立临时存款账户。

4. 专用存款账户

专用存款账户是指存款人按照法律、行政法规和规章，对有特定用途的资金，如基本建设资金、财政预算外资金、信托基金等进行专项管理和使用而开立的银行结算账户。

（二）银行开户所需材料（各银行可能要求不同）

银行开户所需材料包括：①公司营业执照正本和副本、复印件；②法人代表身份证、复印件；③经办人身份证、复印件；④单位公章、财务章、法人章；⑤带少量现金，用于支付手续费。

(三) 银行开户流程

(1) 根据公司业务需要和地理位置选定适合的开户银行，为节省开户时间可与银行的客户经理提前预约。

(2) 到银行后选择对公窗口说明需要开立公司账户。

(3) 将准备好的资料交给银行工作人员，按照银行工作人员的指引填写开户申请书等资料，并在印鉴卡片和其他需要盖章的资料上签字盖章。

(4) 经银行审核同意后，公司即可拿到开户许可证和可以使用的银行账户。

以上是第一次开户的流程，当拥有开户许可证和基本存款账户之后，再开立一般存款账户、临时存款账户、专用存款账户时，就需要带上开户许可证。

二、网银登录前的准备

1. 设置启用 Ukey 密码

为操作方便，一般各个公司会开通网银，银行工作人员会给企业经办人员发放至少两个 Ukey（一个通过 USB 接口直接与计算机相连，具有密码验证功能、可靠高速的小型存储设备）；另一个由出纳人员提交申请，其余的由不同级别的人员用于审核。在银行工作人员的指引和帮助下，经办人需要设置启用 Ukey 的密码，这样回到公司就可以登录网银进行各种资金操作。

2. 下载开户银行的"网银助手"

在银行拿到的 Ukey 不能直接在计算机上运行，需要先下载开户银行的网银助手，安装证书驱动及网络安全控件之后，才可以使用。

三、网银收款

(1) 使用网银收款时需要向付款方说明本公司的银行账号、公司开户名称及开户行名称。

(2) 插入 Ukey，登录网银，然后点击"账户管理"→"交易查询"，选择日期和"收款业务"，就可以看到对应日期收到的款项及付款方信息。

(3) 在收到款项后，会计人员需检查金额、付款方信息是否与合同相符，如果不符，需及时向对方询问原因；如果对方已付款但己方未收到，需要检查对方的付款信息是否有误或银行系统是否出现故障。

(4) 确认收款信息无误后，可以点击"电子回单"→"打印回单"，选择对应日期和"收款回单"，就可以及时打印出来交由会计做账；如果网银不支持打印回单，就隔一段时间集中到银行打印回单，如图 2-1 所示。

第三节　银行收付款业务

图 2-1　收款回单

四、网银付款

（1）网银付款一般是根据公司内部填写的付款申请单，如表 2-5 所示来确认付款信息，出纳人员在付款前需检查付款申请单是否经过会计主管和公司领导签字授权，还需要对各原始单据的真实性和合理性做出判断，另外，需要对付款金额进行复核并签字。

（2）检查无误后，插入 Ukey，登录网银操作界面，点击"付款业务"，根据收款银行与本公司付款银行的关系选择"行内转账"或"行外转账"，二者可能在付款到账时间和付款限额方面有所差别。

（3）选择付款账户（有可能一个网银下挂几个账户），然后根据付款申请单上的内容，输入收款方的银行账号及公司名称，选择开户行，并加入"收款人名册"。如果是之前付过款的客户，还可以直接在"收款人名册"中查询并选择。

（4）输入付款金额（需要符合账户付款限额，高于限额的分次支付），填写付款事由，选择到账方式，点击"下一步"确认付款信息并填写验证码，然后会弹出 Ukey 密码填写的窗口，输入密码后就完成了付款信息的录入。这时款项并不会被付出，还需要经过复核。

（5）由会计主管用另一个 Ukey 登录网银，选择"待复核"业务，对出纳填写的付款信息进行复核后，点击"确认"并输入密码，这笔付款才算最终完成。

（6）如果付款被银行退回，可能的原因是账号名称或公司名称有误，无法完成付款。需检查并更正之后重新付款。

（7）如果付款成功，出纳可以点击"电子回单"→"打印回单"，选择日期并打印付款回单或隔一段时间去银行集中打印，并拿回回单连同付款申请单及附件，交由会计人员做账。

表 2-5 付款申请单

ANJ-FD-001

申请人：		填制日期：		附件张数：	
付款金额（大写）：					
收款人作称：					
开户银行及账号：					
其他要求说明：					
付款方式：	□现金	□电汇	□现金支票	□转账支付	□其他
付款说明：					
部门批准：		财务核对：		总经理审批：	

五、外汇业务

（一）外汇业务概述

外汇是指外国货币或者以外国货币表示的用于国际清偿的支付手段和资产。

外汇业务包括外汇结汇和外汇付汇。外汇结汇就是将从外国收入的外币按照适用的汇率兑换为人民币；外汇付汇就是将人民币兑换为外币再付到国外。

（二）外汇账户的分类

1. 待核查外汇账户

（1）待核查外汇账户即等待被核查的账户，因为涉及外汇，为提高贸易真实性，国家设置了这样一道程序进行核查。

（2）企业出口业务收汇，应当先进入出口收汇待核查外汇账户，凭相关材料到银行进行联网核查之后方可办理结汇或划出手续。

（3）企业未在外汇局办理过基本信息备案的，在开立待核查外汇账户之前，需要先到外汇局办理基本信息备案；已在银行开立经常项目外汇账户的，银行可直接为企业开立待核查账户。

2. 经常项目外汇账户

（1）经常项目外汇账户主要用于经常项目外汇的收入与支出，也可用于经外汇管理部门批准的资本项目支出。

（2）经常项目主要包括贸易收支、劳务收支和单方面转移等，主要有结算户、代理户、工程承包户、驻华机构经费专户和保证金户等。

（3）待核查外汇账户联网核查后划入的就是经常项目外汇账户，再由经常项目外汇账户结汇，就是将外币兑换成人民币。

（三）外汇结汇

1. 外汇结汇所需资料

外汇结汇所需资料包括贸易合同、报关单、出口发票、转账支票、单位公章、财务章、法人章、电子口岸操作员卡等。

2. 外汇结汇流程

（1）携带资料到银行对公业务窗口，说明需要结汇，并将相关资料递交审核。

(2) 在银行工作人员的指引下填写卖出外汇申请书/划转凭证、转账支票等资料，并签字、盖章，将待核查外汇账户中的外汇划转到公司的经常项目外汇账户。

(3) 将经常项目外汇账户中的外币兑换为人民币，转入人民币账户，结汇完成。

☞提示

目前，企业的大多数外汇收付业务，如同一般收付款业务一样，在企业网银操作界面，点击"国际业务"进行办理。

（四）外汇付汇

1. 外汇付汇所需资料（以付进口海运费为例）

外汇付汇所需资料包括付款申请书、报关单、提单、海运发票、租船合同、完税证明、公章、财务章、法人章等。

2. 外汇付汇流程

(1) 携带资料到银行对公业务窗口，说明需要付汇，并将相关资料递交审核。

(2) 在银行工作人员的指引下填写购汇/付汇申请书、境外汇款申请书等，然后签字盖章，经银行审核无误后将款项从经常项目外汇账户中汇出。

第四节　银行承兑汇票业务

一、银行承兑汇票的定义

(1) 银行承兑汇票是商业汇票的一种，企业作为承兑人的被称为商业承兑汇票，银行作为承兑人的被称为银行承兑汇票。"承兑"的意思就是"承诺兑付"，因为银行的信用比企业高，所以由银行"承诺兑付"的商业汇票具有较高的市场接受度和流通度。

(2) 银行承兑汇票是银行结算方式的其中一种，产生于具体的交易行为，在有延期付款需求时适用。银行承兑汇票是一种由付款人向开户银行申请并经银行审查同意承兑的，保证在指定日期无条件支付确定的金额给收款人或持票人的票据。

(3) 承兑汇票到期日，承兑银行凭票无条件支付票款。如到期日之前出票人不能足额交付票款，承兑银行对不足部分的票款转作出票人逾期贷款，并按有关规定计收罚息。

(4) 随着社会的发展和科技的进步，银行承兑汇票在纸质票据的基础上，发展出电子票据。电子银行承兑汇票是纸质银行承兑汇票的继承和发展，电子银行承兑汇票所体现的票据权利义务关系与纸质银行承兑汇票没有区别，不同之处是电子银行承兑汇票以数据电文形式替代原有的纸质实物票据，以电子签名取代实体签章，以网络传输取代人工传递，以计算机录入代替手工书写，实现了出票、流转、兑付等票据业务过程的完全电子化。

二、纸质银行承兑汇票

（一）出票

出票是指出票人签发票据并将其交付给收款人的票据行为。出票如图2-2所示。

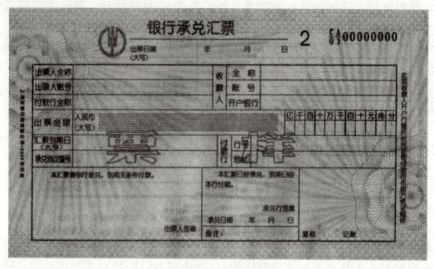

图 2-2 出票

(1) 由银行为企业授信，签订最高额授信合同。
(2) 银行与企业签署银行承兑协议，收取承兑保证金、手续费。
会计分录如下：
借：其他货币资金——××银行承兑保证金
　　贷：银行存款——××银行
(3) 开具银行承兑汇票，出纳人员领取银行承兑汇票。
(4) 出纳人员根据付款申请单，交付汇票给收款人，以银行承兑汇票的存根联、经批准的付款申请单及其附件作为入账依据。
会计分录如下：
借：应付账款——××公司
　　贷：应付票据——××公司

（二）背书转让

背书是指持票人在未到期的票据背面或者粘单上记载有关事项并签章，然后将票据交付给被背书人的票据行为。背书包括转让背书、委托收款背书和质押背书。图 2-3 所示为背书。

图 2-3 背书

（1）背书行为的目的可能是采购物资、清偿债务、委托收款、设定质权等；背书行为的结果是将票据权利转让给他人或将票据权利授予他人行使。

（2）背书必须记载下列事项：被背书人名称、背书人签章。未记载上述事项之一的，背书无效。

（3）背书时应当记载背书日期，未记载背书日期的，视为在汇票到期日前背书。

（4）背书记载"委托收款"字样，被背书人有权利代背书人行使被委托的汇票权利。但是被背书人不得再以背书转让汇票权利。

（5）汇票可以设定质押。质押时应当以背书记载"质押"字样。被背书人依法实现其质权时，可以行使汇票权利。

（6）如果背书人不愿意将此汇票继续背书流通下去，也可以在汇票的背面记载"不得转让"的字样，此汇票就属于不能够背书转让的汇票。

（三）贴现

贴现是指商业汇票的持票人将未到期的票据转让给银行，银行按票据到期金额扣除从贴现日至汇票到期日的利息后，将差额付给收款人的一种行为。计算公式为

$$贴现利息=票据到期金额\times 贴现天数\times 日贴现率$$

$$实得贴现金额=票据到期金额-贴现利息$$

【例2-1】某公司于8月15日持一张面值为100 000元，到期日为10月15日的无息银行承兑汇票至开户银行进行贴现（月贴现率为3‰）。

$$贴现利息=100\ 000\times 3‰/30\times (31-15+30+15)=610（元）$$

$$实得贴现金额=100\ 000-610=99\ 390（元）$$

会计分录如下：

借：银行存款　　　　　　　　　　　　　　　　　　　　99 390
　　财务费用　　　　　　　　　　　　　　　　　　　　　　610
　　贷：应收票据　　　　　　　　　　　　　　　　　　100 000

（四）到期

1. 出票人

收到开户银行的付款通知，银行从出票人的承兑保证金账户扣款。在承兑到期前，出票人需要保证金账户中的存款金额充足。

2. 持票人

承兑汇票到期10日前，持票人持承兑汇票到企业的开户银行提交承兑，凭银行进账单入账。

三、电子银行承兑汇票

（一）开具

1. 出票信息登记（出票人操作）

（1）由出纳插入录入信息的网银，在网银操作界面找到"电子票据"，点击"出票申请"，登记出票人、收票人、承兑人、出票日、到期日等票据基本信息并提交审核。

（2）由主管会计插入审核信息的网银，在网银操作界面找到"待审核"的电子票据，

核对信息无误后勾选"确认",即可完成出票信息登记。

(3) 登记完成后,可以点击"电子票据"→"查询",选中对应票据,查看票面信息,票据状态为"出票已登记",在电子票据进入收款人系统之前还可以修改。

2. 提示收票申请(出票人操作)

(1) 由出纳在网银操作界面点击"电子票据",选择"提示收票",输入电子票据账号,点击"查询",选中对应票据,点击"确定"。

(2) 由主管会计在"电子票据"→"提示收票"中找到"待审核"的电子票据,核对信息无误后勾选"确认",即可完成"提示收票"操作。

(3) 查询票据信息,此时票据状态更新为"提示收票待签收",电子票据进入收款人的银行系统。

3. 提示收票签收(收票人操作)

(1) 由收款方的出纳在网银操作界面选择"电子票据"→"收票",查询付款方开出的电子票据,确认无误后点击"签收",提交主管会计审核。

(2) 由收款方的主管会计在"电子票据"→"收票"中找到"待审核"的电子票据,审核信息无误后勾选"确认",即可完成票据签收。

(3) 查询票据信息,此时票据状态应为"提示收票已签收"。

(二)背书转让

(1) 背书转让申请(持票人操作):需经出纳人员在网银系统点击"背书转让申请",并录入背书转让信息,然后由主管会计进行复核,完成之后查询票据状态应为"背书待签收"。

(2) 背书转让签收(被背书人操作):由被背书人的出纳人员在网银系统点击"背书转让签收"并查看票据信息,确认无误后点击"签收",然后由主管会计进行复核,完成之后查询票据状态应为"背书已签收"。

(三)贴现

(1) 由出纳在网银系统点击"电子票据"→"贴现申请",选择需要贴现的电子票据,系统会根据票面金额、贴现天数和贴现率自动计算出贴现利息和实付金额,点击"确认"并提交。

(2) 由主管会计在"电子票据"→"贴现申请"中选择"待审核"的电子票据,核对信息无误后勾选"确认",即完成贴现申请。

(3) 一段时间后查询贴现是否到账,到账后会计处理与纸质票据的会计处理相同。

(四)到期

(1) 由出纳在网银操作界面点击"电子票据",选择"提示承兑",输入之前登记的电子票据账号,点击"查询",选择对应票据,点击"确定"。

(2) 由主管会计在"电子票据"→"提示承兑"中找到"待审核"的电子票据,核对信息无误后勾选"确认",即可完成"提示承兑"操作。

(3) 此时查询票据信息,票据状态更新为"提示承兑待签收"。

第三章

固定资产管理

知识目标

- 了解固定资产的概念、分类。
- 熟悉固定资产初始计量所包含的内容。
- 掌握固定资产的折旧方法。
- 掌握处置固定资产的核算方法。

技能目标

- 能根据经济业务的内容，完成固定资产卡片账。
- 能够完成固定资产折旧计提。
- 能够完成固定资产相关凭证制单和月底结账。

知识导图

第三章 固定资产管理

引导案例

宏天机械厂销售了 4 台织造机给华宇服装公司，单位售价为 26 000 元，增值税税率为 13%，华宇服装公司开出转账支票结算款项。这 4 台织造机对于宏天机械厂来讲属于库存商品，通过销售来实现价值的转移，而华宇服装公司购入这 4 台织造机是为了纺织衣物。

思考：华宇服装公司应该如何管理这 4 台织造机？会计又需要做哪些核算？

第一节　固定资产概述

一、固定资产的概念

固定资产是指企业为生产产品、提供劳务、出租或者经营管理而持有的、使用时间超过 12 个月的、价值达到一定标准的非货币性资产，包括房屋、建筑物、机器、机械、运输工具，以及其他与生产经营活动有关的设备、器具、工具等。

企业持有固定资产是为了生产商品、提供劳务、出租或经营管理的需要，而不是像商品一样为了对外出售。企业使用固定资产的期限较长，使用寿命一般超过一个会计年度；固定资产是有形资产。

知识拓展

低值易耗品指单项价值在规定限额以下或使用期限不满一年，能多次使用而基本保持其实物形态的劳动资料。

二、固定资产的确认

固定资产只有在同时满足以下两个条件时，才能予以确认。

1. 与该固定资产有关的经济利益很可能流入企业

资产最基本的特征是预期能给企业带来经济利益；如果某一项目预期不能给企业带来经济利益，就不能确认为资产。

在实务中，判断固定资产包含的经济利益是否很可能流入企业，主要依据与该固定资产所有权相关的风险和报酬是否转移给企业。

通常，取得固定资产的所有权是判断与固定资产所有权相关的风险和报酬转移给企业的一个重要标志。

2. 该固定资产的成本能够可靠地计量

成本能够可靠地计量是资产确认的一项基本条件。固定资产作为企业资产的重要组成部分，要予以确认，其为取得该固定资产而发生的支出也必须能够可靠地计量。

第一节 固定资产概述

知识拓展

企业对于已达到预定可使用状态的固定资产，在办理竣工决算前，需要根据工程预算、工程造价或者工程实际发生的成本等资料，按估计价值确定固定资产的成本，待办理竣工决算后，再按实际成本调整原来的暂估价值。

在实务中，对于固定资产进行确认时，还需要注意以下两个问题。

（1）固定资产的各组成部分具有不同使用寿命或者以不同方式为企业提供经济利益，适用不同折旧率或折旧方法的，应当分别将各组成部分确认为单项固定资产。

（2）与固定资产有关的后续支出，满足固定资产确认条件的，应当计入固定资产成本；不满足固定资产确认条件的，应当在发生时计入当期损益。

三、固定资产的分类

企业的固定资产种类繁多、规格不一，为加强管理，便于组织会计核算，有必要对其进行科学、合理的分类。同时，考虑到税法口径，建议对固定资产进行以下分类：①房屋建筑物；②机器设备；③电子设备；④运输工具；⑤工具器具办公家具。

税法口径的折旧年限如图3-1所示。

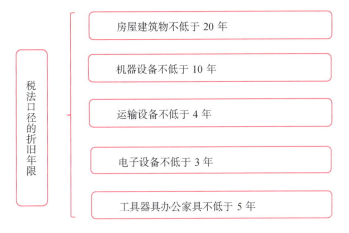

图3-1 税法口径的折旧年限

四、固定资产的会计科目

为了核算固定资产，企业一般需要设置"固定资产""累计折旧""在建工程""工程物资""固定资产清理"等科目，核算固定资产取得、计提折旧、处置等情况。

"固定资产"科目核算企业固定资产的原价，借方登记企业增加的固定资产原价，贷方登记企业减少的固定资产原价，期末借方余额，反映企业期末固定资产的账面原价。企业应当设置"固定资产登记簿""固定资产卡片"，按固定资产类别、使用部门和每项固定资产进行明细核算。

"累计折旧"科目属于"固定资产"的调整科目，核算企业固定资产的累计折旧，贷方登记企业计提的固定资产折旧；借方登记处置固定资产转出的累计折旧；期末贷方余额，反映企业固定资产的累计折旧额。

"在建工程"科目核算企业基建、更新改造等在建工程发生的支出，借方登记企业各项在建工程的实际支出；贷方登记完工工程转出的成本；期末借方余额，反映企业尚未达到预定可使用状态的在建工程的成本。

"工程物资"科目核算企业为在建工程而准备的各种物资的实际成本。该科目借方登记企业购入工程物资的成本；贷方登记领用工程物资的成本；期末借方余额，反映企业为在建工程准备的各种物资的成本。

"固定资产清理"科目核算企业因出售、报废、毁损、对外投资、非货币性资产交换、债务重组等原因转出的固定资产价值及在清理过程中发生的费用等，借方登记转出的固定资产价值、清理过程中应支付的相关税费及其他费用；贷方登记固定资产清理完成的处理；期末借方余额，反映企业尚未清理完毕固定资产清理净损失。

第二节　新增固定资产的会计处理

一、外购固定资产

企业外购固定资产，应按实际支付的购买价款、相关税费（不含可抵扣的增值税进项税额）、使固定资产达到预定可使用状态前所发生的可归属于该项资产的运输费、装卸费、安装费和专业人员服务费等，作为固定资产的取得成本。其中，相关税费不包括按照规定，可以从销项税额中抵扣的进项税额。

（1）企业购入不需要安装的机器设备、管理设备等动产时，应按支付的购买价款、使固定资产达到预定可使用状态前所发生的可归属于该项资产的运输费、装卸费和专业人员服务费等，作为固定资产成本，借记"固定资产"科目；取得增值税专用发票、海关完税证明或公路发票等增值税扣税凭证，并经税务机关认证可以抵扣的，应按专用发票上注明的增值税进项税额，借记"应交税费——应交增值税（进项税额）"科目，贷记"银行存款""应付账款"等科目。

【例3-1】2019年9月1日，北京市的一家化工企业购买一套可以直接使用的发动机，造价10万元，增值税税率13%。会计分录如下：

  借：固定资产——A设备　　　　　　　　　　　　　　　100 000
    应交税费——应交增值税——进项税额　　　　　　13 000
    贷：银行存款　　　　　　　　　　　　　　　　　　　　113 000

（2）企业购入需要安装的固定资产，应在购入的固定资产取得成本的基础上加上安装调试成本等，作为购入固定资产的成本，先通过"在建工程"账户核算，待安装完毕达到预定可使用状态时，再由"在建工程"账户转入"固定资产"账户（在建工程转固定资产流程如图3-2所示）。企业购入固定资产时，按实际支付的购买价款、运输费、装卸费和其他相关税费等，借记"在建工程"科目，贷记"银行存款"等科目；支付安装费用等时，借记"在建工程"科目,贷记"银行存款""应付账款"等科目;安装完毕达到预定可使用状态时,按其实际成本,借记"固定资产"科目,贷记"在建工程"科目。

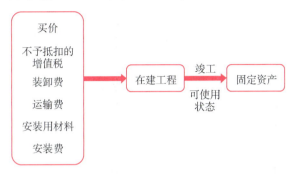

图 3-2 在建工程转固定资产流程

【例 3-2】2019 年 12 月 18 日,北京市的一家医疗企业购入需要安装的一台流水线,取得增值税专用发票上注明的价款为 800 000 元,增值税税额为 104 000 元,相关杂费为 8 000元,款项均以银行存款支付。2020 年 1 月 19 日,设备开始安装,安装过程中领用一批企业的原材料,该批原材料成本为 10 000 元,未计提减值准备,购入材料支付的增值税进项税额为 1 300 元,另支付本公司安装人员工资 60 000 元。2021 年 8 月 1 日,该设备达到预定可使用状态,当即交付使用。

1)购入该设备入库时,根据设备买价和杂费确认设备成本:

借:工程物资　　　　　　　　　　　　　　　　　　　　　808 000
　　应交税费——应交增值税(进项税额)　　　　　　　　104 000
　　贷:银行存款　　　　　　　　　　　　　　　　　　　912 000

2)领用设备时,设备成本包括买价 800 000 元和杂费 8 000 元,先计入在建工程。增值税进项税额 104 000 元可以抵扣。

借:在建工程　　　　　　　　　　　　　　　　　　　　　808 000
　　贷:工程物资　　　　　　　　　　　　　　　　　　　808 000

3)企业自建的在建工程领用本企业原材料时:

借:在建工程　　　　　　　　　　　　　　　　　　　　　 10 000
　　贷:原材料　　　　　　　　　　　　　　　　　　　　 10 000

4)工程完工交付使用时:

借:固定资产　　　　　　　　　　　　　　　　　　　　　818 000
　　贷:在建工程　　　　　　　　　　　　　　　　　　　818 000

二、自行建造固定资产

企业自行建造固定资产,应按建造该项资产达到预定可使用状态前所发生的必要支出,作为固定资产的成本。

自建固定资产应先通过"在建工程"科目核算,工程达到预定可使用状态时,再从"在建工程"科目转入"固定资产"科目。企业自建固定资产,主要有自营和出包两种方式,由于采用的建设方式不同,其会计处理也不同。

第三章 固定资产管理

自营工程是指企业自行组织工程物资采购、自行组织施工人员施工的建筑工程和安装工程。购入工程物资时，借记"工程物资"科目，贷记"银行存款"等科目。

领用工程物资时，借记"在建工程"科目，贷记"工程物资"科目。在建工程领用本企业存货时，借记"在建工程"科目，贷记"原材料""库存商品"等科目。

自营工程发生的其他费用（如分配工程人员工资等），借记"在建工程"科目，贷记"银行存款""应付职工薪酬"等科目。

自营工程达到预定可使用状态时，按其成本，借记"固定资产"科目，贷记"在建工程"科目。

【例3-3】振华股份为增值税一般纳税人，适用的增值税税率为13%。该公司在生产经营期间以自营方式建造一条生产线。发生的有关经济业务如下。

（1）购入一批工程物资，收到的增值税专用发票上注明的价款为200万元，增值税税额为26万元，款项已通过银行转账支付。

（2）工程领用本企业工程物资180万元。

（3）工程领用生产用一批Q原材料，实际成本为100万元；购入该批Q原材料支付的增值税税额为13万元。

（4）应付生产线工程人员职工薪酬114万元。

（5）以银行存款支付工程其他支出40万元。

（6）在建工程达到可使用状态投入使用。

会计分录如下：

①借：工程物资　　　　　　　　　　　　　　　　　　　　2 000 000
　　应交税费——应交增值税（进项税额）　　　　　　　　　260 000
　　贷：银行存款　　　　　　　　　　　　　　　　　　　　2 260 000
②借：在建工程　　　　　　　　　　　　　　　　　　　　1 800 000
　　贷：工程物资　　　　　　　　　　　　　　　　　　　　1 800 000
③借：在建工程　　　　　　　　　　　　　　　　　　　　1 000 000
　　贷：原材料　　　　　　　　　　　　　　　　　　　　　1 000 000
④借：在建工程　　　　　　　　　　　　　　　　　　　　1 140 000
　　贷：应付职工薪酬　　　　　　　　　　　　　　　　　　1 140 000
⑤借：在建工程　　　　　　　　　　　　　　　　　　　　　400 000
　　贷：银行存款　　　　　　　　　　　　　　　　　　　　　400 000
⑥借：固定资产　　　　　　　　　　　　　　　　　　　　4 340 000
　　贷：在建工程　　　　　　　　　　　　　　　　　　　　4 340 000

第三节　固定资产折旧

一、折旧计提概述

企业应当在固定资产的使用寿命内，按照确定的方法对应计折旧额进行系统分摊，根据固定资产的性质和使用情况，合理确定固定资产的使用寿命和预计净残值。固定资产的使用寿命、预计净残值一经确定，不得随意变更。

（一）影响折旧的因素

（1）固定资产原值，是指固定资产的成本。

（2）预计净残值，是指假定固定资产预计使用寿命已满并处于使用寿命终了时的预期状态，企业目前从该项资产处置中获得的扣除预计处置费用后的金额。

（3）固定资产减值准备，是指固定资产已计提的固定资产减值准备累计金额。

（4）固定资产的使用寿命，是指企业使用固定资产的预计期间，或者该固定资产所能生产产品或提供劳务的数量。

企业确定固定资产使用寿命时，应当考虑下列因素：①该项资产预计生产能力或实物产量；②该项资产预计有形损耗，如设备使用中发生磨损、房屋建筑物受到自然侵蚀等；③该项资产预计无形损耗，如因新技术的出现而使现有的资产技术水平相对陈旧、市场需求变化等；④法律或者类似规定对该项资产使用的限制。

（二）折旧的计提范围

一般情况下，企业应当对所有固定资产计提折旧。在确定计提折旧的范围时，还应注意以下几点。

（1）固定资产应当按月计提折旧，当月增加的固定资产，当月不计提折旧，从下月起计提折旧；当月减少的固定资产，当月仍计提折旧，从下月起不计提折旧。

（2）固定资产提足折旧后，不论能否继续使用，均不再计提折旧；提前报废的固定资产，也不再补提折旧。提足折旧，是指已经提足该项固定资产的应计折旧额。

（3）已达到预定可使用状态但尚未办理竣工决算的固定资产，应当按照估计价值确定其成本，并计提折旧；待办理竣工决算后，再按实际成本调整原来的暂估价值，但不需要调整原已计提的折旧额。

企业至少应当于每年年度终了时，对固定资产的使用寿命、预计净残值和折旧方法进行复核。使用寿命预计数与原先估计数有差异的，应当调整固定资产的使用寿命。预计净残值预计数与原先估计数有差异的，应当调整预计净残值。与固定资产有关的经济利益预期实现方式有重大改变的，应当改变固定资产的折旧方法。

（三）固定资产的折旧方法

企业应当根据与固定资产有关的经济利益的预期实现方式，合理选择固定资产折旧方法。可选用的折旧方法包括年限平均法、工作量法、双倍余额递减法和年数总和法等。

1. 年限平均法

年限平均法的特点是将固定资产的应计折旧额均衡地分摊到固定资产预计使用寿命内，采用这种方法计算的每期折旧额是相等的。年限平均法的计算公式为

$$年折旧率 = （1-预计净残值率）/预计使用寿命（年）\times 100\%$$

$$月折旧率 = 年折旧率/12$$

$$月折旧额 = 固定资产原价 \times 月折旧率$$

【例3-4】 甲公司有一幢厂房，原价为5 000 000元，预计可使用20年，预计报废时的净残值率为2%。该厂房的折旧率和折旧额的计算如下：

年折旧率=（1-2%）/20=4.9%

月折旧率=4.9%/12≈0.41%

月折旧额=5 000 000×0.41%=20 500（元）

2. 工作量法

工作量法是根据实际工作量计算每期应提折旧额的一种方法。工作量法的计算公式为

单位工作量折旧额=固定资产原价×（1-预计净残值率）/预计总工作量

某项固定资产月折旧额=该项固定资产当月工作量×单位工作量折旧额

【例3-5】 某企业的一辆运货卡车的原价为600 000元，预计总行驶里程为500 000千米，预计报废时的净残值率为5%，本月行驶4 000千米。该辆汽车的月折旧额计算如下：

单位里程折旧额=600 000×（1-5%）/500 000=1.14（元/千米）

本月折旧额=4 000×1.14=4 560（元）

3. 双倍余额递减法

双倍余额递减法是指在不考虑固定资产预计净残值的情况下，根据每期期初固定资产原价减去累计折旧后的金额和双倍的直线法折旧率计算固定资产折旧的一种方法。采用双倍余额递减法计提固定资产折旧，一般应在固定资产使用寿命到期前两年内，将固定资产账面净值扣除预计净残值后的净值平均摊销。双倍余额递减法的计算公式为

年折旧率=2/预计使用寿命（年）×100%

月折旧率=年折旧率/12

月折旧额=每月月初固定资产账面净值×月折旧率

【例3-6】 某企业一项固定资产的原价为1 000 000元，预计使用年限为5年，按双倍余额递减法计提折旧。每年的折旧额计算如下：

年折旧率=2/5×100%=40%

第1年应提的折旧额=1 000 000×40%=400 000（元）

第2年应提的折旧额=（1 000 000—400 000）×40%=240 000（元）

第3年应提的折旧额=（600 000—240 000）×40%=144 000（元）

从第4年起改用年限平均法（直线法）计提折旧：

第4年、第5年的年折旧额=[（360 000-144 000）-4 000]/2=10 600（元）

每年各月折旧额根据年折旧额除以12来计算。

4. 年数总和法

年数总和法又称年限合计法，是指固定资产的原价减去预计净残值后的余额，乘以一个逐年递减的分数计算每年的折旧额，这个分数的分子代表固定资产尚可使用寿命，分母代表预计使用寿命逐年数字。年数总和法的计算公式为

年折旧率=尚可使用年限/预计使用寿命的年数总和×100%

月折旧率=年折旧率/12

月折旧额=（固定资产原值-预计净残值）×月折旧额

【例 3-7】承例 3-6，假如采用年数总和法，各年折旧额如表 3-1 所示。

表 3-1 各年折旧额

年份	尚可使用年限（年）	应计折旧总额（元）	折旧率	年折旧额（元）	累计折旧（元）
1	5	996 000	5/15	332 000	332 000
2	4	996 000	4/15	265 600	597 600
3	3	996 000	3/15	199 200	796 800
4	2	996 000	2/15	132 800	929 600
5	1	996 000	1/15	66 400	996 000

二、固定资产折旧的会计核算

固定资产应当按月计提折旧，计提的折旧应当记入"累计折旧"科目，并根据用途计入相关资产的成本或者当期损益。

企业自行建造固定资产过程中使用的固定资产，其计提的折旧应计入在建工程成本；基本生产车间所使用的固定资产，其计提的折旧应计入制造费用；管理部门所使用的固定资产，其计提的折旧应计入管理费用；销售部门所使用的固定资产，其计提的折旧应计入销售费用；经营租出的固定资产，其应提的折旧额应计入其他业务成本。会计分录如下：

借：在建工程（在建工程中使用固定资产计提折旧）
　　制造费用（生产车间计提折旧）
　　管理费用（企业管理部门、未使用的固定资产计提折旧）
　　销售费用（企业专设销售部门计提折旧）
　　其他业务成本（企业出租固定资产计提折旧）
　　研发支出（企业研发无形资产时使用固定资产计提折旧）
　贷：累计折旧

【例 3-8】乙公司 2017 年 6 月固定资产计提折旧情况如下：一车间厂房计提折旧 3 800 000 元，机器设备计提折旧 4 500 000 元；管理部门房屋建筑物计提折旧 6 500 000 元，运输工具计提折旧 2 400 000 元；销售部门房屋建筑物计提折旧 3 200 000 元，运输工具计提折旧 2 630 000 元。当月新购置机器设备一台，价值为 5 400 000 元，预计使用寿命为 10 年，该企业同类设备计提折旧采用年限平均法。

新购置的机器设备本月不计提折旧。本月计提的折旧费用中，车间使用的固定资产计提的折旧费用计入制造费用，管理部门使用的固定资产计提的折旧费用计入管理费用，销售部门使用的固定资产计提的折旧费用计入销售费用。会计分录如下：

借：制造费用（一车间）　　　　　　　　　　　　　　8 300 000
　　管理费用　　　　　　　　　　　　　　　　　　　8 900 000
　　销售费用　　　　　　　　　　　　　　　　　　　5 830 000
　贷：累计折旧　　　　　　　　　　　　　　　　　　　　23 030 000

第四节　固定资产的后续计量

一、固定资产的改扩建

固定资产的改扩建指固定资产在使用过程中发生的更新改造支出、修理费用。企业的固定资产投入使用后，由于各个组成部分的耐用程度不同或者使用的条件不同，因此往往发生固定资产的局部损坏。为了保持固定资产的正常运转和使用，充分发挥其使用效能，就必须对其进行必要的后续支出。

固定资产的更新改造等后续支出，满足固定资产确认条件的，应当计入固定资产成本，如有被替换的部分，应同时将被替换部分的账面价值从该固定资产原账面价值中扣除；不满足固定资产确认条件的固定资产修理费用等，应当在发生时计入当期损益。

在对固定资产发生可资本化的后续支出后，企业应将该固定资产的原价、已计提的累计折旧和减值准备转销，将固定资产的账面价值转入在建工程。固定资产发生的可资本化的后续支出，通过"在建工程"科目核算。在固定资产发生的后续支出完工并达到预定可使用状态时，从"在建工程"科目转入"固定资产"科目。

【例3-9】A公司为一般纳税企业，增值税税率为13%。2019年12月购入一项生产设备，原价为600万元，采用年限平均法计提折旧，使用寿命为10年，预计净残值为零。2022年12月，该企业对该项固定资产的某一主要部件进行更换，2023年1月购买工程物资，价款400万元，增值税税额68万元。符合固定资产确认条件，被更换的部件的原价为300万元，不考虑残值。

该项固定资产进行更换前的账面价值=600-600/10×3=420（万元），减去被更换部件的账面价值=300-300/10×3=210（万元），加上发生的后续支出400万元对该项固定资产进行更换后的原价=420-210+400=610（万元）

（1）2022年12月将该生产设备转入在建工程：

借：在建工程　　　　　　　　　　　　　　　　　　　2 100 000
　　营业外支出　　　　　　　　　　　　　　　　　　2 100 000
　　累计折旧　　　　　　　　　　　　　　　　　　　1 800 000
　　贷：固定资产　　　　　　　　　　　　　　　　　　　　　6 000 000

（2）2023年1月领用工程物资400万元：

借：在建工程　　　　　　　　　　　　　　　　　　　4 000 000
　　应交税费——应交增值税（进项税额）　　　　　　　680 000
　　贷：银行存款　　　　　　　　　　　　　　　　　　　　　4 680 000

（3）达到预定可使用状态：

借：固定资产　　　　　　　　　　　　　　　　　　　6 100 000
　　贷：在建工程　　　　　　　　　　　　　　　　　　　　　6 100 000

企业生产车间（部门）和行政管理部门等发生的固定资产：修理费用等后续支出，借记"管理费用"等科目,贷记"银行存款"等科目;企业发生的与专设销售机构相关的固定资产修理费用等后续支出,借记"销售费用"科目,贷记"银行存款"等科目。

【例3-10】2018年6月1日,甲公司对现有的一台管理用设备进行日常修理,修理过程中发生的材料费为100 000元,应支付的维修人员工资为20 000元。

借:管理费用　　　　　　　　　　　　　　　　　　　　120 000
　　贷:原材料　　　　　　　　　　　　　　　　　　　　　　100 000
　　　　应付职工薪酬　　　　　　　　　　　　　　　　　　　20 000

二、固定资产处置与报废

企业在生产经营过程中,可能将不适用或不需用的固定资产对外出售转让,或因磨损、技术进步等对固定资产进行报废,或因遭受自然灾害而对毁损的固定资产进行处理。对上述事项进行会计核算时,应按规定程序办理有关手续,结转固定资产的账面价值,计算有关的清理收入、清理费用及残料价值等。

固定资产处置包括固定资产的出售、报废、毁损、对外投资、非货币性资产交换、债务重组等。处置固定资产应通过"固定资产清理"科目核算,具体包括以下几个环节。

(1)固定资产转入清理。企业因出售、报废、毁损、对外投资、非货币性资产交换、债务重组等转出的固定资产,按该项固定资产的账面价值,借记"固定资产清理"科目;按已计提的累计折旧,借记"累计折旧"科目;按已计提的减值准备,借记"固定资产减值准备"科目;按其账面原价,贷记"固定资产"科目。

(2)发生的清理费用等。固定资产清理过程中应支付的其他费用,借记"固定资产清理"科目,贷记"银行存款"科目。

(3)收回出售固定资产的价款、残料价值和变价收入等,借记"银行存款""原材料"等科目,贷记"固定资产清理"科目。

(4)保险赔偿等的处理:应由保险公司或过失人赔偿的损失,借记"其他应收款"等科目,贷记"固定资产清理"科目。

(5)清理净损益的处理。固定资产清理完成后,"固定资产清理"科目如为借方余额,属于固定资产清理后的净损失:①根据其属于生产经营期间因自然灾害等非正常原因造成的损失,借记"营业外支出——非常损失"科目;②属于生产经营期间正常的处理损失,借记"资产处置损益"科目,贷记"固定资产清理"科目。"固定资产清理"科目如为贷方余额,属于固定资产清理后的净收益:①已丧失使用功能(如正常报废清理)或因自然灾害等,借记"固定资产清理"科目,贷记"营业外收入"科目;②因出售、转让等原因产生的净收益(人为原因),借记"固定资产清理"科目,贷记"资产处置损益"科目。

【例3-11】2017年,河北顺升股份的仓库突遭火灾焚毁,仓库原值为30万元,已经计提了6.65万元折旧。残料估计价值5万元,验收入库,用银行存款支付清理费用2万元。经保险公司核定的应赔偿损失为7万元,尚未收到赔款。甲公司确认了该仓库的毁损损失。会计分录如下:

借:固定资产清理　　　　　　　　　　　　　　　　　　233 500
　　累计折旧　　　　　　　　　　　　　　　　　　　　　66 500
　　贷:固定资产　　　　　　　　　　　　　　　　　　　　　300 000

借：原材料	50 000	
贷：固定资产清理		50 000
借：固定资产清理	20 000	
贷：银行存款		20 000
借：其他应收款	70 000	
贷：固定资产清理		70 000
借：营业外支出	133 500	
贷：固定资产清理		133 500

第四章

采购申请到采购付款的业务循环

知识目标

- 掌握采购业务流程。
- 掌握与采购相关的会计处理。
- 掌握请购到付款在 ERP 系统中的处理。
- 了解预付款方式下的会计处理。
- 了解瑕疵材料的处理。

技能目标

- 能大致描绘采购业务流程。
- 能根据经济业务的内容,确定账户名称、性质。
- 能够以规范的形式把涉及采购付款的会计分录列示出来。
- 能够在 ERP 系统中完成采购申请到付款的会计处理。
- 能根据瑕疵材料发生的原因进行相应的分析处理。

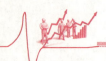

第四章 采购申请到采购付款的业务循环

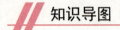

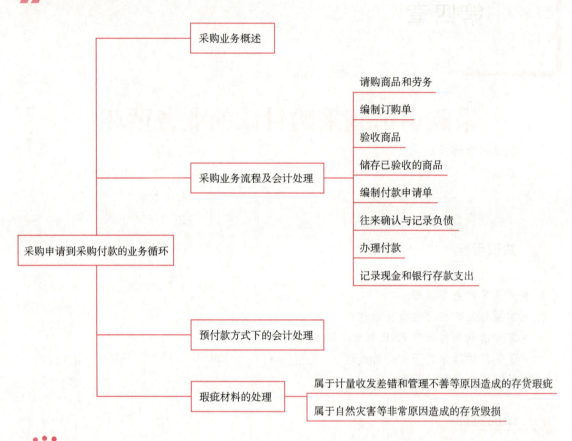

引导案例

ABC 公司 11 月开始，陆续开始采购原材料，进行产品生产和销售。

思考：ABC 公司的采购环节有哪些步骤？需要哪些部门参与？

第一节 采购业务概述

采购是指企业购买物资（或接受劳务）及支付款项等相关活动。采购的物资通常包括原材料、商品、工程物资、固定资产等。

采购的基本功能是帮助人们从资源市场上获取他们所需的各种资源。在企业的日常经营中，必然要发生对一些资产的损耗或者消耗，当这种损耗或者消耗使资产失去带来经济利益的能力时，就要对相关资产终止确认，同时及时购买新的资产，使企业能够继续正常地经营下去。

企业在采购过程中既获得了资源，同时也要付出一定的对价，发生各种费用，这就是采购成本。企业的经营目标中最重要的一点就是追求经济效益最大化。降低采购成本，能够以更少的成本获得更大的利益，从而有利于企业追求经济效益最大化。从这个角度来讲，采购对于企业的生产经营而言是必不可少的关键环节。

第二节　采购业务流程及会计处理

采购到付款涉及的主要业务有六个，如图4-1所示。根据这六个主要业务，为了便于理解，我们将图4-1拆分为八个小项目记录一个完整的业务流程：①请购商品和劳务；②编制订购单；③验收商品；④储存已验收的商品；⑤编制付款申请单；⑥往来确认与记录负债；⑦办理付款；⑧记录现金和银行存款支出。

图4-1　采购到付款涉及的主要业务

一、请购商品和劳务

企业以销售和生产计划为基础，考虑供需关系及市场变化等因素，定期编制采购计划（主要是生产、仓库等部门），经部门负责人等相关的管理人员审批后提交采购部门。

仓库负责对需要购买的已列入存货清单的项目填写请购单，其他部门也可以对所需要购买的未被列入存货清单的项目编制请购单。但是，每张请购单必须经过对这类支出预算负责的主管人员签字批准。

> ☞ 想一想
> 为什么需要经过对这类支出预算负责的主管人员签字批准？如果没有批准就直接采购容易造成什么后果？

请购单可以由企业内的不少部门填列，所以可能不便于事先编号，这是申请购买商品、劳务或其他资产的书面凭据。

二、编制订购单

采购部门首先对请购单进行审核，对确实需要购买的商品、劳务或其他资产填写订购单。订购单经相关管理层审核后发送给供应商，这是向供应商购买订购单上所指定的商品和劳务的书面凭据。

为了控制企业的经营成本，对于大额、重要的采购项目，应采取竞价方式确定供应商，尽可能用最低的价格购买企业所需要的商品、劳务或其他资产；采购部门对经过恰当批准的请购单发出订购单，询价后确定最佳供应商。

订购单应当预先按顺序编号并经过被授权的采购人员签名。

> ☞ **想一想**
> 为什么请购单不用预先按顺序编号，而订购单应当预先按顺序编号呢？

三、验收商品

验收部门首先需要比较所验收商品与订购单上的要求是否相符；其次盘点商品并检查商品有无损坏，商品质量是否与订单相符。

验收部门在这之后应当完成三项任务：首先，对已收货的每张订购单编制一式多联、预先按顺序编号的验收单；其次，验收部门将商品送交仓库时，由仓库负责人在入库单上签收（如将商品交至其他请购部门时，应让请购部门在出库单上签收）；最后，验收部门应将验收单其中的一联送交采购部门。

通常情况下，原材料的验收部门是品管部门，一般设备（如计算机、打印机等日常办公室设备）的验收部门可以是申请部门，特殊设备采购的验收部门为申请部门或技术部门。

验收商品会计分录如下：

借：原材料
　　贷：在途物资

四、储存已验收的商品

储存岗位与验收岗位的职责分离可以降低存货舞弊发生的可能性。

加强实物的控制，存放商品的仓储区应当相对独立，限制无关人员接近储存的商品存货。

五、编制付款申请单

所有因采购货物、接受劳务的付款业务均需凭经核准的付款申请单（或付款单、请款单）付款。付款申请单由业务经办人出具，根据企业的资金管理制度，经部门负责人、财务部往来会计、分管领导、总经理审批后，按财务管理制度规定的手续办理付款事宜。

各采购业务经办人员应对所提交的用款申请中列示的收款人信息及账号的真实性、准确性负责，如因提供收款人信息不真实造成财务误付款，给公司带来经济损失的，由采购业务责任人承担责任。

（1）确定供应商发票的内容与相关的验收单、订购单的一致性。

（2）确定供应商填开发票的正确性。

（3）编制预先按顺序编号的付款申请单，并附上支持性凭证（如订购单、验收单和供应商发票等）。

（4）检查付款申请单填写的正确性。

（5）按公司付款审批制度在付款单上审批。

（6）将审批完毕的付款申请单（连同附件，如订购单、验收单、入库单、发票等）交给财务审核，由出纳付款。

六、往来确认与记录负债

在收到供应商发票时，采购部门应将发票上的品名、规格、价格、数量等与订购单、入库单上的有关资料核对，并将采购发票在 ERP（Enterprise Resource Planning，企业资源计划）系统中做结算。将发票（后附入库单、验收单、采购订单等）交给财务材料会计入账。会计分录如下：

借：原材料（或低值易耗品/固定资产）
　　应交税费——应交增值税（进项税额）（如果取得的发票为增值税专用发票）
　　贷：应付账款——××公司

企业购进的货物等已到达并验收入库，但尚未收到发票且未付款的，应在月末按货物清单或合同的价格暂估入账，但不需要将增值税的进项税额暂估入账。下月初，用红字冲销原暂估入账金额，待取得发票后，按应计入相关成本费用或资产的金额，借记"原材料""库存商品""固定资产""无形资产"等科目；按可抵扣的增值税税额（如有增值税专用发票），借记"应交税费——应交增值税（进项税额）"科目；按应付金额，贷记"应付账款"等科目。

当成本暂估的存货收到发票时，库存信息中的存货单价和金额应根据发票与暂估的差额进行调整；之前暂估的账务处理可以进行红字冲销，之后根据发票重新确认。

【例 4-1】 A 公司是增值税一般纳税人，2019 年 6 月购买一批材料，含税金额为 116 万元，已验收入库，货款未支付，也未取得增值税专用发票。2019 年 7 月取得增值税专用发票并支付货款，价税合计 113 万元（适用的增值税税率为 13%）。

（1）6 月底根据入库单、验收单、采购合同，暂估材料价格入账：

借：原材料　　　　　　　　　　　　　　　　　　　　　1 000 000
　　贷：应付账款——暂估　　　　　　　　　　　　　　　　　　1 000 000

（2）7 月初将 6 月的暂估金额冲回：

借：原材料　　　　　　　　　　　　　　　　　　　　　1 000 000（红字）
　　贷：应付账款——暂估　　　　　　　　　　　　　　　　　　1 000 000（红字）

（3）7 月取得增值税专用发票入账，根据采购发票、入库单、采购合同，确认负债：

借：原材料　　　　　　　　　　　　　　　　　　　　　　　　1 000 000
　　应交税费——应交增值税（进项税额）　　　　　　　　　　130 000
　　贷：应付账款——××公司　　　　　　　　　　　　　　　　1 130 000

☞ **想一想**
　　如果在7月仍未收到发票，而是在8月收到发票，材料会计在7月和8月怎么进行账务处理呢？

七、办理付款

采购部门已将审批完毕的付款申请单交给财务出纳，出纳人员根据公司资金支付制度、资金状况等，安排付款。

出纳的付款工作在第二章已讲解过，此处不再重复。

八、记录现金和银行存款支出

出纳将在银行打印的该笔银行回单、付款申请单（连同附件，如订购单、验收单、入库单、发票等）一并交给往来会计。往来会计在8月进行会计处理。

借：应付账款——××公司　　　　　　　　　　　　　　　　1 130 000
　　贷：银行存款——××银行户　　　　　　　　　　　　　　1 130 000

第三节　预付款方式下的会计处理

很多时候，特别是采购一些紧俏物资、与新供应商合作时，对方会要求企业先打预付款。这时，会计处理如下。

（1）按照采购合同的约定进行预付款时，资金会计以付款申请单、采购合同、银行回单、对方收据等作为原始凭证：

借：预付账款
　　贷：银行存款（库存现金、应付票据、其他货币资金等）

（2）供应商按照合同交货，公司收到货物后进行验收。验收合格，仓库办理入库手续。材料会计以验收单、入库单、采购合同、发票等作为原始单据。

借：原材料
　　应交税费——应交增值税（进项税额）
　　贷：预付账款

第四节 瑕疵材料的处理

仓储部门有义务把好最后一关，保证采购的材料无瑕疵，避免不必要的财产损失。若发现采购的物料规格等与送货单、采购单、生产工单不符或者单据不齐全，仓储部不得办理物料入库手续，并提请相关部门处理。

若在后续的存货盘点中发现有瑕疵材料入库，应作为待处理财产损溢进行核算。按管理权限报经批准后，根据造成存货盘亏或毁损的原因，分别按照以下情况进行处理：①属于计量收发差错和管理不善等原因造成的存货瑕疵，应先扣除残料价值、可收回的保险赔偿和过失人赔偿，将净损失计入管理费用；②属于自然灾害等非常原因造成的存货毁损，应先扣除处置收入（如残料价值）、可收回的保险赔偿和过失人赔偿，将净损失计入营业外支出。

因非正常原因导致的存货盘亏或毁损，按规定不能抵扣的增值税进项税额应当予以转出。

具体来看，公司在货物交货后发现原材料出现短缺或非正常损失的，分为以下情况分别处理。

（1）A公司在6月购入的该批材料，在8月使用过程中发现部分指标不符合合同要求，采购部门与××公司商议折价10万元。材料会计以入库单和索赔证明等为原始凭证，会计分录如下：

借：应付账款　　　　　　　　　　　　　　　　　　　113 000
　　贷：原材料　　　　　　　　　　　　　　　　　　100 000
　　　　应交税费——应交增值税（进项税额转出）　　 13 000

（2）8月底，财务会计和仓库保管人员在盘点过程中发现该批材料有明显的坏损，价值10万元。原因未查明，公司在8月也未对该笔坏损材料的处理做出批准。材料会计应该先将该笔坏损材料的成本转入待处理资产损溢。以该笔坏损材料的情况说明、盘点清单等作为原始凭证，会计分录如下：

借：待处理资产损溢　　　　　　　　　　　　　　　　113 000
　　贷：原材料　　　　　　　　　　　　　　　　　　100 000
　　　　应交税费——应交增值税（进项税额转出）　　 13 000

（3）9月，查明该笔坏损材料是由仓库管理不善等原因造成的，由仓库保管人员赔偿500元。会计分录如下：

借：其他应收款（或库存现金）　　　　　　　　　　　　　500
　　管理费用（差额）　　　　　　　　　　　　　　　112 500
　　贷：待处理资产损溢（将之前提的待处理资产损溢冲掉）　113 000

（4）9月，查明该笔坏损材料是由自然灾害造成的毁损，由于公司为存货投入保险，保险公司赔偿 5 万元，赔偿款在 9 月尚未收到。会计分录如下：
  借：其他应收款   50 000
    营业外支出   50 000
    贷：待处理资产损溢   100 000

第五章

生产到存货的业务循环

⫽ 知识目标

- 掌握生产到存货的业务流程。
- 掌握生产成本核算的方法。
- 了解生产成本核算所需的材料。
- 掌握发出商品的核算处理。
- 熟悉营业成本的核算处理。
- 掌握发出商品后期开票操作。

⫽ 技能目标

- 能大致复述生产到存货的业务流程。
- 能准确分辨哪种费用应当计入生产成本。
- 能对库存商品的成本进行核算,并能进行相应的会计处理。
- 能准确计算发出商品的成本,并结转营业成本。
- 能准确进行发出商品后期的会计账务处理。

第五章 生产到存货的业务循环

知识导图

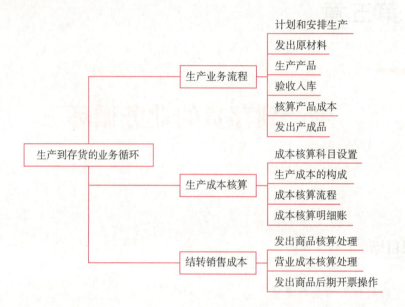

引导案例

一个做面包的个体户每天大致会经历这样的过程：第一步，预计今天大概有多少人会来买面包、要大概卖掉多少个面包；第二步，根据自己预计的结果能得出今天大概得从仓库里拿多少面粉、多少个鸡蛋、多大分量的肉松等；第三步，把这些从仓库里拿出来的原材料放到加工地点时，就可以开始自己做面包，或者分配给工人进行制作；第四步，做完以后把这些面包放到面包架上，准备出售；第五步，要完成面包成本的核算，如这个面包耗费的成本是多少、至少要卖多少钱才不会亏；第六步，有客人来买面包。

当然，每天收摊后还要盘点一下今天卖了多少面包、有多少面包没有卖掉，并做好相应的记录。有时，还要对很可能卖不出去的面包进行特殊的账务处理。

生产与形成存货是企业日常经营中频繁发生的业务。生产到存货涉及的主要业务活动如图 5-1 所示。

图 5-1　生产到存货涉及的主要业务活动

思考： 生产到存货涉及的主要业务活动有哪些？

第一节　生产业务流程

一、计划和安排生产

对于企业而言，一般会有专门的生产计划部门负责编制生产通知单。生产计划部门根据客户订购单或者销售部门对销售预测和产品市场需求的分析等信息，编写月度生产计划书，由生产计划经理根据生产计划数签发事先连续编号的生产通知单。生产通知单，又称生产任务通知单，是企业下达制造产品的书面文件，用于通知仓储部门组织材料发放，生产车间组织产品制造，财务部门组织产品核算。所以，生产通知单需要经过生产计划经理审批后上报总经理批准才能生效。另外，与生产通知单一起下发的还有材料需求报告。

二、发出原材料

由生产部门填写领料单，经审批后，仓储部门根据生产部门的领料单发出原材料。领料单上必须列式所需的材料数量和种类及领料部门的名称。领料单通常一式三联。仓储管理人员发料并签署后，将领料单的其中一联连同材料交领料部门（生产部门存根联），一联留在仓储部门登记材料明细账（仓储联），一联交财务部门进行材料收发核算和成本核算（财务联）。发出原材料的会计分录如下：

借：生产成本（生产产品领用）
　　制造费用（车间一般耗用）
　　管理费用（行政管理部门耗用）
　贷：原材料

仓储管理员将原材料领用申请单编号、领用数量、规格等信息输入存货管理信息系统，该信息经仓储经理复核并以电子签名方式确认后，存货管理信息系统及时更新材料明细账（更新存货管理信息系统）。

三、生产产品

生产部门收到生产通知单及领取原材料后，将生产任务分解到每个生产工人，并将原材料交给生产工人，据以执行生产任务。同时，登记工人或生产班组在出勤时间内完成产品数量、质量和生产这些产品所耗费工时数量的各种原始记录，这也是存货成本中分配人工等费用的重要依据。

生产完成后，质量检验员检查并签发预先连续编号的产成品验收单，生产部门将产成品送交仓库（形成产成品验收单）。生产环节涉及人工成本、水电费的会计分录如下：

计提员工工资时：
借：生产成本
　贷：应付职工薪酬

实际支付员工薪酬时：
借：应付职工薪酬
　　贷：银行存款
发生的水电费等消耗：
借：制造费用
　　贷：银行存款

四、验收入库

仓储管理员检查产成品验收单，并清点产成品数量，填写预先连续编号的产成品入库单。仓储部门签收产成品后，经质检经理、生产经理和仓储经理签字确认后将实际入库数量通知财务部门。在入库之后，仓储部门根据产成品的品质特征分类存放，并填制标签。

企业制造出来的存货不仅要放在适当的仓库里，还要保证其安全性（如大门上锁、使用监控设备、安排专人看管），目的是使只有经过授权的工作人员才可以接触及处理存货。

借：库存商品
　　贷：生产成本

五、核算产品成本

成本会计根据原材料出库单、生产部门生产报表、仓储部门存货收发存报表，核对材料耗用和出入库等流转信息。在对存货的核算的流转信息审核无误后，对本期产成品、半成品进行成本归集和分配，生成记账凭证并过账至生产成本及原材料明细账和总分类账。

在采用ERP供应链系统的企业，由存货管理信息系统对生产成本中各项组成部分进行归集，按照预设的分配公式和方法，自动将当月发生的生产成本在完工产品和在产品之间按比例分配；同时，将完工产品成本在各不同产品类别中分配，由此生成产品成本计算表和生产成本分配表（包括人工费用分配表、制造费用分配表等）。成本会计编制生产成本结转凭证，经主管对存货管理信息系统审核批准后进行账务处理。每月末，成本会计根据存货管理信息系统记录的销售单数量，编制销售成本结转凭证，结转相应的销售成本，经审核批准后进行账务处理。

此外，每月末，由生产车间与仓库核对原材料和产成品的转出和转入记录，如有差异，仓储管理员应编制差异分析报告，经仓储经理和生产经理签字确认后交会计部门进行调整。

销售产成品时：
借：银行存款
　　贷：主营业务收入
　　　　应交税费——应交增值税（销项税额）
月末，结转本月销售成本及附加时：
借：主营业务成本
　　贷：库存商品
借：本年利润

第一节 生产业务流程

贷：主营业务成本
　　税金及附加

六、发出产成品

对于企业而言，产成品完成后最终也是要对外出售的。与个体经营的小企业不同，产成品发出须由发运部门进行，并填写事先连续编号的发运通知单。装运产成品时须持有经有关部门核准的发运通知单，仓储管理员据此填写事先连续编号的产成品出库单。

产成品出库单一般一式四联，一联交仓库部门，一联发运部门留存，一联送交顾客，一联作为给顾客开发票的依据。

产成品装运出发前，由物流经理独立检查出库单、销售订购单和发运通知单，确定从仓库提取的商品附有经批准的销售订单，并且所提取商品的内容与销售订购单一致。

完成产成品出库工作后，仓储管理员将从产成品出库单信息输入存货管理信息系统，经仓储经理复核确认后，存货管理信息系统及时更新产成品明细账并与产成品发运通知单编号核对。每月末，成本会计根据已发货、已开票的销售出库单，编制销售成本结转凭证，结转相应的销售成本。

生产与存货流程如表 5-1 所示。

表 5-1　生产与存货流程表

业务环节	执行部门	单据类型	用途	
计划和安排生产	计划部门	生产订单	通知生产任务	
发出原材料	仓库	领料单	仓库发料	
生产产品	生产	生产订单	生产依据	
		领料单	直接材料	
		计工单	直接人工、制造费用	
		入库单	完工产品产量	
验收入库	品管	验收单	验收数量、质量，交接产品	
	仓库	验收单	核算产成品数量依据	
核算产品成本	成本会计	工薪费用分配表 材料费用分配表 制造费用分配表	依据：生产订单、领发料凭证、仓库、生产车间报表、产量工时记录	编制：工薪费用分配表、材料费用分配表、制造费用分配表
发出产成品	物流	发运凭证	核算销售成本、发出商品成本	

知识拓展

存货盘点，即管理人员编制盘点指令，安排适当人员对所有存货实物（包括对原材料、在产品和产成品等所有的存货类别）进行定期盘点，将盘点结果与存货账面数量进行核对，调整差异并进行适当的调整。

> 在企业中，对于一直没有卖出去的存货可能就要考虑计提存货跌价准备。生产部门和仓储部门每月上报存货明细，采购部门和销售部门每月上报原材料和产成品的最新价格信息。财务部门根据存货货龄分析表信息及相关部门提供的有关存货状况的信息，结合存货盘点过程中对存货状况的检查结果，对出现损毁、滞销、跌价等降低存货价值的情况进行分析计算，计提存货跌价准备，由财务经理和总经理复核批准并入账。

第二节　生产成本核算

一、成本核算科目设置

产品成本核算科目设置，公司采用实际成本法核算产品成本，以产品批别为成本核算对象。为满足核算需要，结合公司产品及生产工艺特点，设置相应科目。成本核算涉及的会计科目如图 5-2 所示。

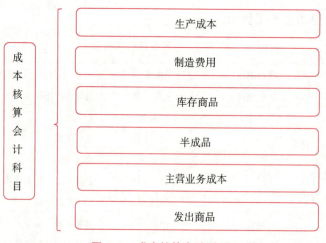

图 5-2　成本核算会计科目

二、生产成本的构成

生产成本包括直接材料、直接人工和制造费用。制造费用不属于期间费用。

直接材料是指企业生产产品和提供劳务的过程中所消耗的、直接用于产品生产、构成产品实体的各种材料及主要材料、外购半成品及有助于产品形成的辅助材料等。

直接人工是指企业在生产产品的过程中，直接从事产品生产的工人的职工薪酬。

制造费用是指企业为生产产品和提供劳务而发生的各项间接费用，这是一项间接成本，包括企业生产部门的管理人员的职工薪酬、折旧费用、办公费、水电费、机物料消耗、劳动保护费、车间固定资产的修理费用、季节性和修理期间的停工损失等。通过一定的方法分配以后，制造费用就可以与相关的存货成本有机地联立起来。

直接人工和间接人工的划分依据通常是生产工人是否与所生产的产品直接相关。例如，为了生产手机，在第一线进行装配的工人的工资就属于直接人工支出；而分管这些生产部门的工人的管理人员，由于他们并不直接生产这些手机，但是他们又确实是为了生产手机这个目标而服务的，这种情况下这些管理人员的工资费用也属于人工支出，但是与一线工人不同，生产部门的管理人员的工资费用属于间接人工支出。

三、成本核算流程

以引导案例为例，假如你现在是一名做面包的个体户，在进行成本核算时往往要经历如下环节。

1. 根据材料领料单、退料单编制直接材料会计凭证（材料分配表）

直接材料是直接为生产产品而领用的，如对于做面包而言，直接材料就是面粉、鸡蛋、肉松等。如果面粉只为了生产面包而存在，那么面粉就是原材料。

借：生产成本——直接材料——肉松面包
　　生产成本——直接材料——红豆面包
　　贷：原材料（库存商品等）

2. 根据工资汇总表和工资分配表编制直接人工和制造费用会计凭证（工薪汇总表及工薪费用分配表）

在生产面包的过程中，有些人是专门负责直接制造面包的，这种直接与面包相关的工资支出就是直接人工（需要注意的是工资支出有单独的核算科目，即"应付职工薪酬"科目）。

借：生产成本——直接人工——肉松面包
　　生产成本——直接人工——红豆面包
　　贷：应付职工薪酬

生产面包的时候，有的人并不直接负责制造面包，而是由生产部门管理一线的工人负责，他们同样是为生产产品服务的，但是难以将其与具体某一批次的面包生产挂钩，而与一段时间内的生产都有关系，所以这种管理一线工人的管理者的工资支出计入制造费用。等到以后再根据适当的方式将其分摊至相应的面包批次的生产成本。

借：制造费用——工资
　　贷：应付职工薪酬

3. 根据水电气等物料消耗表编制制造费用会计凭证

水电气等物料是在生产的期间为产品生产而发生的，但是又难以分配到具体的面包批次，因此水电气等物料的消耗是通过制造费用来进行核算的。

借：制造费用——水费（电费、蒸汽费等）
　　贷：银行存款等

4. 机器设备折旧已在固定资产折旧时计入制造费用

机器设备折旧已在固定资产折旧时计入制造费用，其他发生的费用也可以随时归集到制造费用。

在制造面包的过程中，不可避免地会造成机器设备的损耗，这种制造面包的设备损耗的原因是进行了面包的生产。因此，这种机器设备损耗的费用也应当通过一定合理的方式计入面包的生产成本。

借：制造费用——折旧

贷：累计折旧

5. 按照系统合理的方法对制造费用进行分摊（费用分配表）

借：生产成本——制造费用——肉松面包
　　　生产成本——制造费用——红豆面包
　　贷：制造费用——水费
　　　　制造费用——电费
　　　　制造费用——人工等

6. 生产成本在不同产品中直接分摊（成本计算表）

我们根据汇总的材料分配表及工薪汇总表能够得到某类产品的直接成本。

7. 产成成本在完工产品和在产品及不同产品之间分摊（成本计算表）

有些产品制作周期比较长，可能在进行会计核算的时候还没有制作完毕。为了满足会计核算的需要，产成成本应当在完工产品和在产品之间进行适当的分摊。

借：库存商品——红豆面包
　　库存商品——肉松面包
　　半成品——红豆面包
　　半成品——肉松面包
　　贷：生产成本（直接材料、直接人工、制造费用）

8. 结转销售成本（销售出库汇总表）

当面包完成销售时，我们应当结转销售成本。

借：主营业务成本
　　贷：库存商品

9. 结转发出商品成本（发出商品汇总表）

有些情况下，虽然产品已经发出，但是因为客户还有无条件退货的权利，这时候不满足收入确认的条件，所以暂时不确认收入，而是先将库存商品的价值转到发出商品的价值中。

借：发出商品
　　贷：库存商品

【例5-1】W公司是2019年1月1日注册成立的一家生产饮料的快消品企业，注册资本为2 000万元。2019年3月，W公司主要生产了两种饮料。

（1）月末，成本会计将仓库出入库报表、车间生产报表与ERP系统中的进出物料进行核对无误后，生成当月原材料出库汇总表（表5-2），并编制记账凭证。

表5-2　原材料出库汇总表

存货编码	原料名称	蜜桃味饮料		苹果味饮料	
		数量/千克	金额/元	数量/千克	金额/元
0101000001	纯净水	117 601.80	115 232.67	36 118.20	35 390.58
0101000002	果葡糖浆	3 822.10	9 387.92	1 173.90	2 883.25
0101000003	白砂糖	35 694.40	86 498.29	10 962.60	26 565.60
0101000004	盐酸	31 312.30	10 971.82	9 616.70	3 369.70
0101000005	浓缩水蜜桃汁	6 753.00	973 681.84	0	0
0101000006	浓缩苹果汁	0	0	2 074.00	249 031.18

第二节 生产成本核算

续表

存货编码	原料名称	蜜桃味饮料		苹果味饮料	
		数量/千克	金额/元	数量/千克	金额/元
0101000007	食用盐	35 715.80	163 221.43	10 969.20	50 129.02
0101000008	柠檬酸	4 933.00	24 459.15	1 515.00	7 511.97
0101000009	安赛蜜	18 090.00	26 634.04	5 556.00	8 179.92
0101000010	柠檬酸钠	663.30	1 615.70	203.70	496.22
0101000011	食用香精	9 341.90	84 653.00	2 869.10	25 998.86
0101000012	阿斯巴甜	12 909.20	46 131.28	3 964.80	14 167.96
合计		276 836.80	1 542 487.14	85 023.20	423 724.26

会计分录如下：

借：生产成本——直接材料（蜜桃味饮料）　　　　　　　1 542 487.14
　　生产成本——直接材料（苹果味饮料）　　　　　　　　423 724.26
　　贷：原材料　　　　　　　　　　　　　　　　　　　1 966 211.40

（2）总账会计根据人力资源部提供的工资汇总表（表5-3）编制会计凭证。

表5-3　工资汇总表　　　　　　　　　　　　　　　　　　　单位：元

序号	部门	基本工资	加班费	合计	养老保险	医疗保险	失业保险	公积金	税前合计	个税	实发工资
1	采购部	25 000	2 000	27 000	2 000	500	250	2 000	22 250	876	21 374
2	销售部	32 000	1 600	33 600	2 560	640	320	2 560	27 520	932	26 588
3	财务部	18 000	600	18 600	1 440	360	180	1 440	15 180	34.2	15 145.8
4	人事行政部	15 000	650	15 650	1 200	300	150	1 200	12 800	370	12 430
5	生产部办公室	21 000	3 080	24 080	1 680	420	210	1 680	20 090	1 508	18 582
6	车间——蜜桃味	100 000	28 700	128 700	8 000	2 000	1 000	8 000	109 700	1 432	108 268
7	车间——苹果味	52 000	20 000	72 000	4 160	1 040	520	4 160	62 120	1 109	61 011
	汇总	263 000	56 630	319 630	21 040	5 260	2 630	21 040	269 660	6 261.2	263 398.8

会计分录如下：

借：管理费用——工资（采购部）　　　　　　　　　　　　27 000
　　销售费用——工资（销售部）　　　　　　　　　　　　33 600
　　管理费用——工资（财务部）　　　　　　　　　　　　18 600
　　管理费用——工资（人事行政部）　　　　　　　　　　15 650
　　制造费用——工资（生产部办公室）　　　　　　　　　24 080
　　生产成本——直接人工（蜜桃味饮料）　　　　　　　　128 700
　　生产成本——直接人工（苹果味饮料）　　　　　　　　72 000
　　贷：应付职工薪酬——工资　　　　　　　　　　　　　263 398.8
　　　　应付职工薪酬——养老保险　　　　　　　　　　　21 040
　　　　应付职工薪酬——医疗保险　　　　　　　　　　　5 260
　　　　应付职工薪酬——失业保险　　　　　　　　　　　2 630

第五章　生产到存货的业务循环

　　应付职工薪酬——公积金　　　　　　　　　　　　　　　　　　　　　21 040
　　应交税费——应交个人所得税　　　　　　　　　　　　　　　　　　　6 261.2
同时，总账会计根据人力资源部提供的社保公积金汇总表（表5-4），编制会计凭证。

表5-4　社保公积金汇总表　　　　　　　　　　　　　　　　　单位：元

序号	部门	个人承担部分				公司负担部分						合计
		养老保险	医疗保险	失业保险	公积金	养老保险	医疗保险	失业保险	工伤保险	生育保险	公积金	
1	采购部	2 000	500	250	2 000	5 250	2 250	500	1 250	200	2 000	16 200
2	销售部	2 560	640	320	2 560	6 720	2 880	640	1 600	256	2 560	20 736
3	财务部	1 440	360	180	1 440	3 780	1 620	360	900	144	1 440	11 664
4	人事行政部	1 200	300	150	1 200	3 150	1 350	300	750	120	1 200	9 720
5	生产部办公室	1 680	420	210	1 680	4 410	1 890	420	1 050	168	1 680	13 608
6	车间	4 160	1 040	520	4 160	10 920	4 680	1 040	2 600	800	4 160	34 080
	汇总	13 040	3 260	1 630	13 040	34 230	14 670	3 260	8 150	1 688	13 040	106 008

会计分录如下：
借：管理费用——保险　　　　　　　　　　　　　　　　　　　　　　　21 924
　　管理费用——公积金　　　　　　　　　　　　　　　　　　　　　　　4 640
　　销售费用——保险　　　　　　　　　　　　　　　　　　　　　　　12 096
　　销售费用——公积金　　　　　　　　　　　　　　　　　　　　　　　2 560
　　制造费用——保险　　　　　　　　　　　　　　　　　　　　　　　27 978
　　制造费用——公积金　　　　　　　　　　　　　　　　　　　　　　　5 840
　贷：其他应付账——养老保险　　　　　　　　　　　　　　　　　　　34 230
　　　其他应付款——医疗保险　　　　　　　　　　　　　　　　　　　14 670
　　　其他应付款——失业保险　　　　　　　　　　　　　　　　　　　 3 260
　　　其他应付款——工伤保险　　　　　　　　　　　　　　　　　　　 8 150
　　　其他应付款——生育保险　　　　　　　　　　　　　　　　　　　 1 688
　　　其他应付款——公积金　　　　　　　　　　　　　　　　　　　　13 040

（3）按水电气汇总表、其他相关资料编制制造费用相关记账凭证（会计分录和相关表格略）后，审核、记账，查看生产成本、制造费用的科目余额表（表5-5）。

表5-5　科目余额表

科目编码	科目名称	本期发生借方/元
5001	生产成本	2 166 911.40
500101	直接材料	1 966 211.40
50010101	蜜桃味饮料	1 542 487.14
50010102	苹果味饮料	423 724.26
500102	工资	200 700.00
50010201	蜜桃味饮料	128 700.00

第二节　生产成本核算

续表

科目编码	科目名称	本期发生借方/元
50010202	苹果味饮料	72 000.00
500103	制造费用转入	
50010301	蜜桃味饮料	
50010302	苹果味饮料	
5101	制造费用	320 692.37
510101	工资	24 080.00
510102	福利费	3 138.40
510103	水费	9 112.61
510104	电费	39 466.86
510105	蒸汽费	129 773.64
510106	办公费	1 384.61
510108	折旧费	62 549.41
510109	物料费	14 109.84
510112	污水排放费	3 259.00
510117	社保	27 978.00
510118	公积金	5 840.00
成本小计		2 487 603.77

（4）假设该饮料公司期初、期末没有在制品。对本期发生的制造费用按产品产量在不同产品之间进行分摊，如表5-6和表5-7所示。

会计分录如下：

借：生产成本——制造费用（蜜桃味饮料）　　　237 549.90
　　生产成本——制造费用（苹果味饮料）　　　83 142.47
　贷：制造费用——工资　　　　　　　　　　　24 080.00
　　　制造费用——福利费　　　　　　　　　　3 138.40
　　（逐条结转）

表5-6　制造费用分配表　　　　　　　　　　　　　　　　　　单位：元

5101	制造费用	本期发生额	蜜桃味饮料	苹果味饮料
510101	工资	24 080.00	17 837.04	6 242.96
510102	福利费	3 138.40	2 324.74	813.66
510103	水费	9 112.61	6 750.08	2 362.53
510104	电费	39 466.86	29 234.71	10 232.15
510105	蒸汽费	129 773.64	96 128.62	33 645.02
510106	办公费	1 384.61	1 025.64	358.97
510108	折旧费	62 549.41	46 332.9	16 216.51
510109	物料费	14 109.84	10 451.73	3 658.11

续表

5101	制造费用	本期发生额	蜜桃味饮料	苹果味饮料
510112	污水排放费	3 259.00	2 414.07	844.93
510117	社保	27 978.00	20 724.44	7 253.56
510118	公积金	5 840.00	4 325.93	1 514.07
合计		320 692.37	237 549.90	83 142.47

表 5-7 完工产品数量表

车间	完工数量/件	占比
蜜桃味饮料	20 000	74.07%
苹果味饮料	7 000	25.93%
合计	27 000	100%

（5）本月完工产品成本计算表如表 5-8 和表 5-9 所示。

表 5-8 产品成本计算表（蜜桃味饮料）

所属车间：	生产车间		产品名称：	蜜桃味饮料	数量单位：件	金额单位：元
直接材料					制造费用	
编码	材料名称	消耗数量	材料加权单价	消耗金额	项目名称	金额
0101000001	纯净水	117 601.80	0.979 85	115 232.67	工资	17 837.04
0101000002	果葡糖浆	3 822.10	2.456 22	9 387.92	福利费	2 324.74
0101000003	白砂糖	35 694.40	2.423 30	86 498.29	水费	6 750.08
0101000004	盐酸	31 312.30	0.350 40	10 971.82	电费	29 234.71
0101000005	浓缩水蜜桃汁	6 753.00	144.185 08	973 681.84	蒸汽费	96 128.62
0101000007	食用盐	35 715.80	4.570 01	163 221.43	办公费	1 025.64
0101000008	柠檬酸	4 933.00	4.958 27	24 459.15	折旧费	46 332.90
0101000009	安赛蜜	18 090.00	1.472 31	26 634.04	物料费	10 451.73
01010000010	柠檬酸钠	663.30	2.435 85	1 615.70	污水排放费	2 414.07
01010000011	食用香精	9 341.90	9.061 65	84 653.00	社保	20 724.44
01010000012	阿斯巴甜	12 909.20	3.573 52	46 131.28	公积金	4 325.93
消耗原材料小计		276 836.80	5.571 83	1 542 487.14	制造费用小计	237 549.90
分摊直接工资				128 700.00		
产品成本合计				1 908 737.04		
完工入库数量				20 000	单位产品成本	95.436 852

结转完工入库产品成本，编制会计凭证。会计分录如下：

　　借：库存商品——水蜜桃味饮料　　　　　　　　　　　　　1 908 737.04
　　　　贷：生产成本——直接材料　　　　　　　　　　　　　1 542 487.14
　　　　　　生产成本——工资　　　　　　　　　　　　　　　128 700.00

第二节 生产成本核算

生产成本——制造费用　　　　　　　　　　　　　　237 549.90

表 5-9　产品成本计算表（苹果味饮料）

所属车间：	生产车间		产品名称：	苹果味饮料	数量单位：件	金额单位：元
直接材料					制造费用	
编码	材料名称	消耗数量	材料加权单价	消耗金额	项目名称	金额
0101000001	纯净水	36 118.20	0.979 85	35 390.58	工资	6 242.96
0101000002	果葡糖浆	1 173.90	2.456 13	2 883.25	福利费	813.66
0101000003	白砂糖	10 962.60	2.423 29	26 565.60	水费	2 362.53
0101000004	盐酸	9 616.70	0.350 40	3 369.70	电费	10 232.15
0101000006	浓缩水苹果汁	2 074.00	120.072 89	249 031.18	蒸汽费	33 645.02
0101000007	食用盐	10 969.20	4.569 98	50 129.02	办公费	358.97
0101000008	柠檬酸	1 515.00	4.958 40	7 511.97	折旧费	16 216.51
0101000009	安赛蜜	5 556.00	1.472 27	8 179.92	物料费	3 658.11
01010000010	柠檬酸钠	203.70	2.436 03	496.22	污水排放费	844.93
01010000011	食用香精	2 869.10	9.061 68	25 998.86	社保	7 253.56
01010000012	阿斯巴甜	3 964.80	3.573 44	14 167.96	公积金	1 514.07
消耗原材料小计		85 023.20	4.983 63	423 724.26	制造费用小计	83 142.47
分摊直接工资				72 000.00		
产品成本合计				578 866.73		
完工入库数量			7 000		单位产品成本	82.695 247 14

结转完工入库产品成本，编制会计凭证。会计分录如下：
借：库存商品——水蜜桃味饮料　　　　　　　　　578 866.73
　　贷：生产成本——直接材料　　　　　　　　　423 724.26
　　　　生产成本——工资　　　　　　　　　　　72 000.00
　　　　生产成本——制造费用　　　　　　　　　83 142.47

（6）结转 3 月销售的 B 产品——水蜜桃味饮料 3 000 件销售成本。会计分录如下：
借：主营业务成本——水蜜桃味饮料　　286 310.56（3 000×95.436 852）
　　贷：库存商品——水蜜桃味饮料　　　　　　　286 310.56

四、成本核算明细账

生产成本明细账是用于记录及核算企业产品的生产成本的有力工具，如表 5-10 所示。借方表示计入生产成本的增加数，贷方是相对应的明细项目（如直接材料、直接人工、制造费用等）。

根据各种计算表得到的数据进行汇总填列后，我们就能得到生产成本明细账，如表 5-11 所示。从这个明细账中可以很清楚地看出我们为了完成这个产品付出了多少对价。一方面，我们能进行更准确的定价；另一方面，我们能识别评估何处的成本可以适当地降低，从而为企业创造出更多的利润。

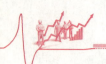

第五章 生产到存货的业务循环

表5-10 生产成本明细账

订货单位：_____ 生产车间：_____ 规格：_____ 数量：_____ 总页_____ 分页_____
投产日期：__年__月__日 完工日期：__年__月__日 生产批号：_____ 明细科目：基本生产成本
完成产量：_____ 计划工时：_____ 实际工时：_____ 产品/部门名称：面包××公司

年		凭证号数	摘要	借方发生额											明细项目																					
				千	百	十	万	千	百	十	元	角	分		直接材料									直接人工									制造费用			
月	日														千	百	十	万	千	百	十	元	角	分	千	百	十	万	千	百	十	元	角	分	千	百	十	万	千	百	十	元	角	分

第二节　生产成本核算

表 5-11　生产成本明细账

订货单位：_____　　生产车间：_____　　生产批号：_____　　总页_____
投产日期：___年___月___日　完工日期：___年___月___日　产品/部门名称：面包/××公司　明细科目：基本生产成本
完成产量：_____　　计划工时：_____　　实际工时：_____　　数量：_____　　规格：_____　　分页_____

年		凭证号数	摘要	借方发生额	明细项目		
月	日				直接材料	直接人工	制造费用
3	31	记136	材料费用分配汇总表	7265500	7265500		
	31	记137	外购动力费用分配汇总表	7265 50	7265 50		
	31	记138	工资费用分配汇总表	1530000		1530000	
	31	记139	其他职工薪酬费用计提表	410805		410805	
	31	记143	制造费用分配汇总表	936000			936000
	31		本月合计	10862305	7985500	1940805	936000
	31	记144	结账完工产品成本	10862305	7985500	1940805	936000

第三节 结转销售成本

一、发出商品核算处理

企业应当根据各类存货的特点、实物流转方式、企业管理方式等实际情况，具体问题具体分析地选择发出存货成本的计算方法，以合理确定当期发出存货的实际成本。对于性质和用途相似的存货，根据会计信息质量要求，要满足可比性，就应当采用相同的成本计算方法确定发出存货的成本。

企业可以采用先进先出法、移动加权平均法、月末一次加权平均法、个别计价法确定发出存货的成本。

> ☞ 提示
> 现行准则已经不允许采用后进先出法确定发出存货的成本了。

1. 先进先出法

先进先出法是指以先购入的存货应当先发出（销售或耗用）这样一种存货实物流转假设为前提，对发出的存货进行计价的方法。采用这种方法，先购入的存货成本在后购入存货成本之前转出，据此确定发出存货和期末存货的成本。

先进先出法可以随时结转存货发出成本，但是比较烦琐。如果存货收发业务较多，且存货单价不稳定，其工作量较大。

【例5-2】A公司2019年7月1日结存甲材料100千克，每千克实际成本1 000元。本月发生如下有关业务。

(1) 3日，购入甲材料50千克，每千克实际成本1 050元，材料已验收入库。

(2) 5日，发出甲材料80千克。

(3) 7日，购入甲材料70千克，每千克实际成本980元，材料已验收入库。

(4) 12日，发出甲材料130千克。

(5) 20日，购入甲材料80千克，每千克实际成本1 100元，材料已验收入库。

(6) 25日，发出甲材料30千克。

要求：假定A公司原材料采用实际成本核算，发出材料采用先进先出法，请根据上述资料，计算甲材料3日、5日、7日、12日、20日、25日发出材料的成本以及期末结存的成本。

计算过程如下：

3日：结存成本=100×1 000+50×1 050=152 500（元）

5日：发出材料成本=80×1 000=80 000（元）

7日：结存成本=152 500-80 000+70×980=141 100（元）

12日：发出材料成本=20×1 000+50×1 050+60×980=131 300（元）

20日：结存成本=10×980+80×1 100=97 800（元）

25日：发出材料成本=10×980+20×1 100=31 800（元）

期末结存成本=97 800-31 800=66 000（元）

知识拓展

在先进先出法下，期末存货的成本接近市场价值。如果市场价值上升趋势明显，我们计算存货成本时会用之前相对较低的价格作为成本，而收入会用当前相对较高的价格确认，那么就会导致企业高估当期利润和库存存货价值。

如果当前市场价格下降趋势明显，我们计算存货成本时会用之前相对较高的价格作为成本，而收入会用当前相对较低的价格确认，那么就会导致企业低估当前利润和库存存货价值。

因此，先进先出法对于先生产的商品先出库确认，后生产的商品后出库确认，在计算企业利润时是一种易于接受且比较简单的方法。但在价格变动较大的时候，先进先出法就可能在效果上不甚理想。

2. 移动加权平均法

如果市场价格波动比较大，那么移动加权平均法会相对而言更贴切地反映库存商品的成本。移动加权平均法的原理是，每次购进新的库存商品，就与原有库存存货的成本加权计算平均成本。在实际操作时的做法是，本次进货的实际成本加上原有库存存货的实际成本，除以本次进货数量，加上原有库存存货数量，据以计算加权平均单位成本，作为在下次进货前计算各次发出存货成本的依据。计算公式为

存货单位成本=（原有库存存货的实际成本+本次进货的实际成本）÷（原有库存存货数量+本次进货数量）

本次发出存货的成本=本次发出存货的数量×本次发货前存货的单位成本

本月月末库存存货成本=月末库存存货的数量×本月月末存货单位成本

移动加权平均法能够使企业管理层及时了解存货成本的结存情况，计算出的平均单位成本及发出和结存的存货成本比较客观。但是由于每次收货都要计算一次平均单位成本，计算工作量较大，对收发货较频繁的企业并不适用。

【例5-3】A公司月初结存材料13吨，每吨单价8 290元。本月3日购入5吨，单价8 800元；10日购入12吨，单价7 900元；本月17日发出10吨，28日发出10吨。请运用移动加权平均法对上述资料进行会计处理。

A公司材料明细账如表5-12所示。

表5-12　A公司材料明细账

日期	摘要	收入			发出			结存		
		数量/吨	单价/元	金额/元	数量/吨	单价/元	金额/元	数量/吨	单价/元	金额/元
2019/6/1	期初库存							13	8 290	107 770
2019/6/3	购入	5	8 800	44 000				18	8 545	153 810
2019/6/10	购入	12	7 900	94 800				30	8 222.5	246 675
2019/6/17	发出				10	8 222.5	82 225	20	8 222.5	164 450
2019/6/28	发出				10	8 222.5	82 225	10	8 222.5	82 225
2019/6/30	期末结存							10	8 222.5	82 225

移动加权平均法的计算公式为

移动加权平均单价＝（本次收入前结存商品金额+本次收入商品金额）/（本次收入前结存商品数量+本次收入商品数量）

2019年6月3日购入：

  借：原材料   8 800

    应交税费——应交增值税（进项税额） 1 144

    贷：银行存款   9 944

2019年6月10日购入：

  借：原材料   7 900

    应交税费——应交增值税（进项税额） 1 027

    贷：银行存款   8 927

2019年6月17日发出：

  借：生产成本、管理费用等   8 222.5

    贷：原材料   8 222.5

2019年6月28日发出：

  借：生产成本、管理费用等   8 222.5

    贷：原材料   8 222.5

移动加权平均法计算出来的商品成本比较均衡和准确，采用这种计价方法，每购进一批材料需重新计算一次加权平均单价，据以作为领用材料的单位成本。但该方法计算起来的工作量大，一般适用于经营品种不多，或者前后购进商品的单价相差幅度较大的商品流通类企业。

3. 月末一次加权平均法

月末一次加权平均法是以本月全部进货成本加上月初存货成本，除以本月全部进货数量加上月初存货数量，计算出存货的加权平均单位成本，以此为基础计算本月发出存货的成本和期末存货成本的一种方法。计算公式为

存货单位成本＝（月初库存存货实际成本 + $\sum$ 本月某批次进货的实际总成本）/（月初库存存货数量 + 本月各批次进货数量之和）

本月发出存货的成本＝本月发出存货的数量×存货单位成本

本月月末库存存货成本＝月末库存存货的数量×存货单位成本

采用月末一次加权平均法只在月末一次计算加权平均单价，有利于简化成本计算工作。但由于平时无法从账上提供发出和结存存货的单价和金额，可能不利于存货成本的日常管理和控制。

4. 个别计价法

个别计价法又称个别认定法、具体辨认法、分批实际法，其特征是注重所发出存货具体项目的实物流转与成本流转之间的联系。假设存货具体项目的实物流转与成本流转相一致，逐一辨认各批发出存货和期末存货所属的购进批别或生产批别，分别按其购入或生产时所确

定的单位成本计算各批发出存货和期末存货成本。在这种方法下，就要把每一批存货的实际成本作为计算发出存货成本和期末存货成本的基础。

个别计价法的成本计算准确、符合实际情况，但是在存货收发频繁的情况下，其发出成本分辨的工作量较大。个别计价法适用于一般不能替代使用的存货、为特定项目专门购入或制造的存货，如珠宝、首饰、字画等贵重物品。

不过由于信息技术的进步，信息技术在会计核算中也有了一席之地。在电子信息系统的帮助下，现在大量的存货都可以采用这种准确度高的计价方法进行计量。

有时候我们会在淘宝上进行购物，在我们确认收货之前，商家并不知道我们对这个商品是否满意、是否会拒绝签收。如果我们作为买家认为送过来的货物的质量和我们的预期相差甚远而拒绝签收，那么商品就会退回给企业，从而这项交易也就宣告失败。在这种情况下，商家就不能确认相关商品的销售收入。如果我们拿到了心心念念的货物，发现很符合我们的预期，就很愉快地签收了。这时候商家才有足够的理由认为我们接受了他们的供货，才能认为交易结束。

实际上，对于商家来说，他们在把商品送到顾客手上的这一段时间，并不知道顾客对这个商品是否满意，所以这时候还不能确认收入，而商品确实已经从仓库里发出了，应当在会计中做出相应的记录。对于未满足收入确认条件的发出商品，应按发出商品的实际成本记入"发出商品"科目。会计分录如下：

借：发出商品
　　贷：库存商品

以淘宝购物为例，在后续的处理中会有两种不同的方式。

（1）顾客收到商品很满意，商家确认收入。顾客确认了收货，商家可以合理地认为顾客已经接受了他们提供的商品，因此商家会确认收入，并结转相关的商品成本。我们知道为了保护消费者利益，消费者支付的款项首先由阿里巴巴集团代为保管，直到消费者确认收货后阿里巴巴集团才会把这笔款项转付给商家。相关会计分录如下：

①确认收入时：
借：应收账款
　　贷：主营业务收入
　　　　应交税费——应交增值税（销项税额）

②阿里巴巴集团转付给企业时：
借：银行存款
　　贷：应收账款

③结转商家已售商品成本时：
借：主营业务成本
　　贷：发出商品

（2）顾客收到商品不满意要求退货，商家将商品收回，交易失败。交易没有达成，商品将被退回给企业，重新回到企业的仓库中等待出售。会计分录如下：

借：库存商品

贷：发出商品

二、营业成本核算处理

　　营业成本是指企业为生产产品、提供劳务等发生的可归属于产品成本、劳务成本等的费用，应当在确认销售商品收入、提供劳务收入等时，将已销售商品、已提供劳务的成本等计入当期损益。营业成本是与营业收入直接相关的，已经确定了归属期和归属对象的各种直接费用。在利润表上，营业收入的下一项就是营业成本。营业成本包括主营业务成本和其他业务成本。

1. 主营业务成本

　　主营业务成本是企业销售商品、提供劳务等经常性活动所发生的成本。企业一般在确认销售商品、提供劳务等主营业务收入时，或在月末，将已销售商品、已提供劳务的成本转入主营业务成本。主营业务成本按主营业务的种类进行明细核算，期末，将主营业务成本的余额转入"本年利润"科目，结转后本科目无余额。

　　企业应通过"主营业务成本"科目核算主营业务成本的确认和结转情况。

　　企业结转主营业务成本时，借记"主营业务成本"科目，贷记"库存商品""劳务成本"科目。期末，应将"主营业务成本"科目余额转入"本年利润"科目，借记"本年利润"科目，贷记"主营业务成本"科目。

　　主营业务成本相关的会计分录如下：

　　①销售商品时：

　　借：银行存款

　　　　贷：主营业务收入

　　　　　　应交税费——应交增值税（销项税额）

　　②结转销售成本时：

　　借：主营业务成本

　　　　贷：库存商品（原材料、劳务成本等）

　　③月末将损益类科目结转至"本年利润"科目时：

　　借：主营业务收入

　　　　贷：本年利润

　　借：本年利润

　　　　贷：主营业务成本

2. 其他业务成本

　　其他业务成本是企业确认的除主营业务活动以外的其他经营活动所发生的支出。其他业务成本包括销售材料的成本、出租固定资产的折旧额、出租无形资产的摊销额、出租包装物的成本或摊销额等为不属于企业主营业务活动一类的业务而发生的成本。

　　企业应通过"其他业务成本"科目核算其他业务成本的确认和结转情况。

　　企业发生或结转的其他业务成本，借记"其他业务成本"科目，贷记"原材料""周转材料""累计折旧""累计摊销""银行存款"等科目。期末，应将"其他业务成本"科目余额转入"本年利润"科目，借记"本年利润"科目，贷记"其他业务成本"科目。

知识拓展

对于生产中使用的包装物而言，要区分其是为哪种目的而使用的。

①对于生产领用的包装物，因为其是为了产品的生产而服务的，所以计入产品的成本之中，最后将成本结转到主营业务成本之中。对于这种包装物的会计分录如下：

借：制造费用等
　　贷：周转材料——包装物

②对于出借的包装物，或者随同产品出售不单独计价的包装物，因为其不是产品的生产所必需的，所以不能计入产品成本之中，而且考虑到它是为实现销售商品这个目的而发生的，我们一般就会做出将其费用化的处理。会计分录如下：

借：销售费用
　　贷：周转材料——包装物

③对于出租的包装物，或者随同产品出售单独计价的包装物，因为它确实产生了收入，所以应该确认相关的成本。又因为对于一个制造类企业而言，出租的或者是随同产品出售单独计价的包装物并不是它日常经营的范围（制造业企业日常经营活动应该是生产产品并进行出售），所以应该将其确认为其他业务收入，那么与这个其他业务收入相对应的核算科目就应该是其他业务成本。会计分录如下：

借：其他业务成本
　　贷：周转材料——包装物

三、发出商品后期开票操作

企业销售商品时，只有同时符合五个条件才能确认收入：①企业已将商品所有权上的主要风险和报酬转移给购货方；②企业既没有保留通常与所有权相联系的继续管理权，也没有对已售出的商品实施控制；③收入的金额能够可靠计量；④相关经济利益很可能流入企业；⑤相关的、已发生的或将发生的成本能够可靠计量。

如果这五个条件有一个或一个以上无法满足，就不能确认收入。若此时商品已经发出，就应该先把库存商品的价值冲掉，再借记发出商品。此时还不能确认收入，需要等到五项条件均得到满足才能确认主营业务收入（或其他业务收入），并结转主营业务成本（或其他业务成本）。

（1）对于未满足收入确认条件的发出商品，应按发出商品的实际成本（或进价）或计划成本（或售价），借记"发出商品"科目，贷记"库存商品"科目。发出商品发生退回的，应按退回商品的实际成本（或进价）或计划成本（或售价），借记"库存商品"科目，贷记"发出商品"科目，直接将之前的分录进行对冲。

【例5-4】2018年5月13日，甲企业销售一批商品给乙企业，该批商品实际成本为100 000元。商品已经出库，但商品所有权凭证未发生转移，且未收到乙企业的汇款通知，甲企业还不能确认收入，则甲企业应做的会计分录如下：

借：发出商品　　　　　　　　　　　　　　　　　　　　　　100 000
　　贷：库存商品　　　　　　　　　　　　　　　　　　　　　　　100 000

5月15日，乙企业以甲企业销售的商品质量不合格为由，退回了该批商品，则甲企业应做的会计分录如下：

借：库存商品　　　　　　　　　　　　　　　　　　　　　　　100 000
　　贷：发出商品　　　　　　　　　　　　　　　　　　　　　　　100 000

如果乙企业并未退回商品，而是通知甲企业商品已验收入库，并向甲企业传来一张金额为140 400元（含增值税）的购货支票，则甲企业应做的会计分录如下：

①收到货款，确认收入时：

借：银行存款　　　　　　　　　　　　　　　　　　　　　　　139 200
　　贷：主营业务收入　　　　　　　　　　　　　　　　　　　　　120 000
　　　　应交税费——应交增值税（销项税额）　　　　　　　　　　 19 200

②结转销售成本时：

借：主营业务成本　　　　　　　　　　　　　　　　　　　　　100 000
　　贷：发出商品　　　　　　　　　　　　　　　　　　　　　　　100 000

（2）假设采用先收款、后开票的方式。收到预收款时，由于主要风险和报酬并没有转移到购买方，这时候还不能确认收入和结转成本，收到的款项应确认为一项负债。等到购买方确认收货，入库后，这时候才能认为主要风险和报酬已经完成了转移，才能确认收入，并结转成本。

【例5-5】A公司是生产企业。2018年4月1日，A公司向B公司签订了合同拟销售一批商品，该批商品实际成本为50 000元，合同上注明的销售总价为60 000元，该批商品采用先预收定金、后发货的处理方式。A公司于4月1日收到B公司的预付款20 000元。A公司应做的会计分录如下：

借：银行存款　　　　　　　　　　　　　　　　　　　　　　　 20 000
　　贷：预收账款　　　　　　　　　　　　　　　　　　　　　　　 20 000
借：发出商品　　　　　　　　　　　　　　　　　　　　　　　 50 000
　　贷：库存商品　　　　　　　　　　　　　　　　　　　　　　　 50 000

4月6日，B公司已将产品入库并支付了剩余款项，则A公司应当确认收入并结转已售商品成本。注：2018年5月1日开始，销售货物增值税税率为13%。A公司应做的会计分录如下：

借：预收账款　　　　　　　　　　　　　　　　　　　　　　　 20 000
　　银行存款　　　　　　　　　　　　　　　　　　　　　　　 47 800
　　贷：主营业务收入　　　　　　　　　　　　　　　　　　　　　 60 000
　　　　应交税费——应交增值税（销项税额）　　　　　　　　　　 7 800
借：主营业务成本　　　　　　　　　　　　　　　　　　　　　 50 000
　　贷：发出商品　　　　　　　　　　　　　　　　　　　　　　　 50 000

第六章

销售订单到收款的业务循环

知识目标

- 了解销售业务流程。
- 熟悉赊销审批过程。
- 熟悉发票管理的基本规定。
- 掌握一般销售业务的账务处理。
- 掌握商业折扣、现金折扣、销售折让、销售退回、坏账处理等特殊销售业务的账务处理。

技能目标

- 能根据确认收入的时间和条件，正确确认商品销售收入。
- 能够以规范的形式把销售业务的会计分录列示出来。
- 能根据经济状况，对应收账款的减值做出业务处理。

第六章 销售订单到收款的业务循环

知识导图

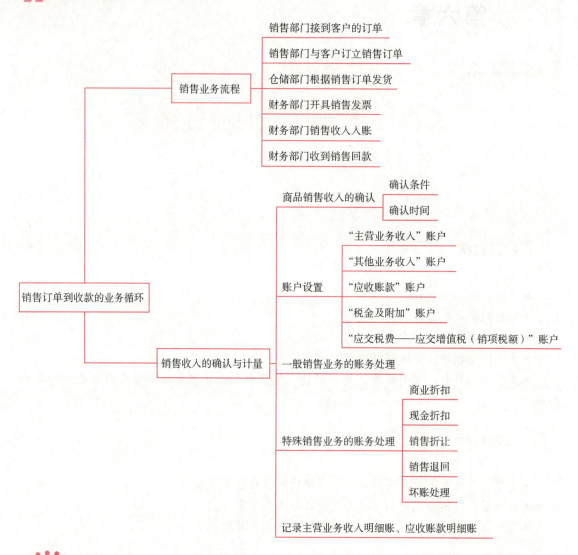

引导案例

B公司向A公司采购一批原材料，A公司作为原材料的销售方，向B公司销售和支付产品并收取相应的款项。

思考：A公司有效的销售与收款流程应该包括哪些步骤呢？

第一节 销售业务流程

销售的主要任务是将生产的产品销售出去满足社会需要，取得销售收入，使企业的生产耗费得到补偿，并实现企业的经营目标。

另外，企业除产品销售业务外，还会发生一些其他销售业务，如材料销售、无形资产使用权转让等，这些销售业务取得的收入和发生的支出也是销售过程核算的内容。

产品销售涉及的主要业务如图6-1所示。

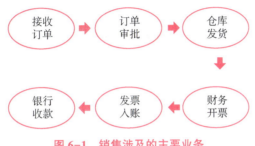

图6-1 销售涉及的主要业务

一、销售部门接到客户的订单

销售部门接到客户的订单后，需要根据企业制度，决定是否销售给该客户以及给予该客户的信用期限、信用额度。

1. 赊销信用审批的主要注意事项

职责分离是指为避免销售人员为扩大销售而使企业承受不适当的信用风险，赊销审批不能由销售部门执行，应设立专门的信用管理部门履行此职责。

信用额度和信用期限是指信用管理部门对新客户进行信用调查，包括获取信用评审机构对客户信用等级的评定报告，以确定该客户的信用额度。

2. 信用审批程序

信用管理部门根据管理层的赊销政策在每个客户已授权信用额度内进行赊销批准。收到销售部门的销售单后，将销售单赊销金额与该客户信用额度及欠款余额加以比较。在信用额度内的审批通过，超过信用额度的由信用管理部门经理会同其他部门负责人集体决策审批。例如，A客户的信用额度为100万元，累计欠款30万元，则职员的权限是至多批准赊销70万元。如果顾客提出更高的赊销额，则应当进行集体决策。

对赊销进行信用审批是为了降低坏账风险。当然，大部分中小企业没有专门设置信用审计部门，有的企业由财务部门负责赊销管理工作，更有一些企业由销售主管或企业负责人决定是否给客户一定的信用额度和信用期限。

二、销售部门与客户订立销售订单

销售订单是销售交易的起点。经双方盖章确认后的销售合同正式生效。销售合同中需要

第六章 销售订单到收款的业务循环

列示所订商品的名称、规格、数量及其他有关信息。如果企业实行信息化管理，此时销售人员需要将销售合同录入 ERP 系统销售模块的合同订单管理中。

三、仓储部门根据销售订单发货

仓库根据已审批的销售合同准备货物。在装运之前，物流部门进行货物核对确认从仓库提取的商品与销售订单一致，并将货物按约定发送给客户。销售出库单至少一式四联，一联仓库留存，一联物流部门留存，一联交给客户，一联交销售部门。

四、财务部门开具销售发票

销售部门根据销售订单合同、销售出库单，申请开具销售发票，并将已经审批的开票申请单（后附销售合同、销售出库单）交财务部门。财务部门根据上述资料开具销售发票。

知识拓展

1. 发票的定义

发票是指一切单位和个人在购销商品、提供或接受服务以及从事其他经营活动中，所开具和收取的业务凭证，是会计核算的原始依据，也是审计机关、税务机关执法检查的重要依据。收据是收付款凭证，发票只能证明业务发生，不能证明款项是否收付。简单来说，发票就是发生的成本、费用或收入的原始凭证。对于公司来讲，发票主要是公司做账的依据，同时也是缴税的费用凭证；而对于员工来讲，发票主要是用来报销的。

2. 发票的分类

以是否从增值税发票管理新系统开具对发票进行如下划分。

（1）增值税专用发票。增值税一般纳税人发生应税销售行为，应使用增值税发票管理新系统开具增值税专用发票。增值税小规模纳税人需要开具增值税专用发票的，可向主管税务机关申请代开。

增值税专用发票联次为三联：发票联、抵扣联和记账联。发票联，作为购买方核算采购成本和增值税进项税额的记账凭证；抵扣联，作为购买方报送主管税务机关认证和留存备查的凭证；记账联，作为销售方核算销售收入和增值税销项税额的记账凭证。

根据《财政部、税务总局关于调整增值税税率的通知》（财税〔2018〕32 号），2018年 5 月 1 日起，纳税人销售货物、劳务、有形动产租赁服务或者进口货物，除另有规定外，税率为 16%；纳税人销售交通运输、邮政、基础电信、建筑、不动产租赁服务，销售不动产，转让土地使用权，销售或者进口粮食等农产品，食用植物油，食用盐，水，气，居民用煤炭制品，书报，音像制品，电子出版物，饲料，化肥，农药，农机，农膜等，税率为 10%；纳税人销售服务、无形资产，除另有规定外，税率为 6%；纳税人出口货物，除国务院另有规定外，税率为零；境内单位和个人跨境销售国务院规定范围内的服务、无形资产，税率为零。

专用发票既具有普通发票所具有的内涵，又具有比普通发票更特殊的作用。它不仅是记载商品销售额和增值税税额的凭证，还是兼记销货方纳税义务和购货方进项税额的合法证明，是购货方据以抵扣税款的法定凭证，对增值税的计算起着关键性作用。所以我国对增值税专用发票的管理也更为严格。

(2) 增值税普通发票（折叠票）。增值税普通发票是将除商业零售以外的增值税一般纳税人纳入增值税防伪税控系统开具和管理。也就是说，一般纳税人可以使用同一套增值税防伪税控系统开具增值税专用发票、增值税普通发票等，俗称"一机多票"。

增值税普通发票的格式、字体、栏次、内容与增值税专用发票完全一致，按发票联次分为两联票和五联票两种。基本联次为两联：第一联为记账联，销货方用作记账凭证；第二联为发票联，购货方用作记账凭证。此外，为满足部分纳税人的需要，在基本联次后添加了三联的附加联次，即五联票，供企业选择使用。

(3) 增值税电子普通发票。为了满足纳税人开具增值税电子普通发票的需求，国家税务总局在2015年11月发布了《国家税务总局关于推行通过增值税电子发票系统开具的增值税电子普通发票有关问题的公告》（国家税务总局公告2015年第84号）。推行通过增值税电子发票系统开具的增值税电子普通发票，对降低纳税人经营成本，节约社会资源，方便消费者保存使用发票，营造健康公平的税收环境有着重要的作用。

增值税电子普通发票的开票方和受票方需要纸质发票的，可以自行打印增值税电子普通发票的版式文件，其法律效力、基本用途、基本使用规定等与税务机关监制的增值税普通发票相同。

(4) 机动车销售统一发票。《国家税务总局关于使用新版机动车销售统一发票有关问题的通知》（国税函〔2006〕479号）规定："凡从事机动车零售业务的单位和个人，从2006年8月1日起，在销售机动车（不包括销售旧机动车）收取款项时，必须开具税务机关统一印制的新版《机动车销售统一发票》（以下简称《机动车发票》），并在发票联加盖财务专用章或发票专用章，抵扣联和报税联不得加盖印章。"

《国家税务总局关于〈机动车销售统一发票〉注册登记联加盖开票单位印章问题的通知》（国税函〔2006〕813号）规定："经与公安部协商，决定从2006年10月1日起，《机动车销售统一发票》注册登记联一律加盖开票单位印章。"

机动车销售发票为电脑六联式发票，即第一联发票联（购货单位付款凭证），第二联抵扣联（购货单位扣税凭证），第三联报税联（车购税征收单位留存），第四联注册登记联（车辆登记单位留存），第五联记账联（销货单位记账凭证），第六联存根联（销货单位留存）。第一联印色为棕色，第二联印色为绿色，第三联印色为紫色，第四联印色为蓝色，第五联印色为红色，第六联印色为黑色。发票代码、发票号码印色为黑色。机动车销售发票规格为241毫米×177毫米。当购货单位不是增值税一般纳税人时，第二联抵扣联由销货单位留存。

(5) 增值税普通发票（卷票）由纳税人自愿选择使用，重点在生活性服务业纳税人中推广使用。（单联）

(6) 通用机打发票、通用手工发票主要适用于免征额以下的小规模纳税人。

(7) 通用定额发票主要适用于定期定额征收的个体工商户和收取停车费的纳税人。

(8) 出租车发票、客运定额发票、火车票、飞机行程单等。

在实际工作中，上述发票种类不一定在各地区都存在，有些地区已经按照上面说的发票发展趋势取消了一些发票。例如通用手工发票，这种发票在大部分地区已取消。

3. 发票开具的有关规定

根据《中华人民共和国发票管理办法》的规定，购买、保管、开具、使用发票。

第六章 销售订单到收款的业务循环

【例6-1】A公司的原材料期初余额为：A材料金额为120 000元，数量为20 000千克；B材料金额为180 000元，数量为20 000千克；C材料金额为120 000元，数量为10 000米。2018年12月6日采购原材料，其中：A材料10 000千克，不含税价格为5元/千克；B材料15 000千克，不含税价格为10元/千克；C材料2 000米，不含税价格为12元/米。2018年12月10日，生产JP1车间，领用A材料20 000千克，领用B材料10 000千克；生产JP2车间，领用B材料5 000千克，领用C材料7 000米。请用月末一次加权平均法计算并写出有关的会计分录。

借：生产成本——JP1——直接材料　　　　　　　　　　210 300
　　生产成本——JP2——直接材料　　　　　　　　　　131 150
　贷：原材料——A材料　　　　　　　　　　　　　　　116 000
　　　原材料——B材料　　　　　　　　　　　　　　　141 450
　　　原材料——C材料　　　　　　　　　　　　　　　 84 000

五、财务部门销售收入入账

收入往来会计根据已开具的销售发票（后附销售订单合同、销售出库单、客户收货确认单）登记入账。会计分录如下：

借：应收账款——××公司
　贷：主营业务收入（其他业务收入）
　　　应交税费——应交增值税（销项税额）

六、财务部门收到销售回款

销售回款方式主要是银行转账、银行承兑汇票。往来会计根据出纳打印的银行回款或是复印的银行承兑汇票记录销售回款业务。会计分录如下：

借：银行存款（应收票据）
　贷：应收账款——××公司

第二节　销售收入的确认与计量

一、商品销售收入的确认

（一）商品销售收入的确认条件

（1）企业已将商品所有权上的主要风险和报酬转移给购货方。风险主要指商品由于贬值、损坏、报废等造成的损失。报酬是指商品中包含的未来经济利益，包括商品因增值及直接使用该商品所带来的经济利益。如果一项商品发生的任何损失均不需要本企业承担，带来的经济利益也不归本企业所有，则意味着该商品所有权上的风险和报酬已转移给购买方。

（2）企业既没有保留通常与商品所有权相联系的继续管理权，也没有对已售出的商品实施控制。

(3) 收入的金额能够可靠地计量。

(4) 相关的经济利益很可能流入企业。

(5) 相关的已发生或将发生的成本能够可靠地计量。

(二) 商品销售收入的确认时间

销售商品采用预收款方式的，在发出商品时确认收入，预收的货款应确认为负债。销售商品需要安装和检验的，在购买方接受商品及安装和检验完毕前，不确认收入，待安装和检验完毕时确认收入。如果安装程序比较简单，则可在发出商品时确认收入。

二、账户设置

企业通常设置以下账户对销售业务进行会计核算。

(一) "主营业务收入"账户

"主营业务收入"账户属于损益类账户，用以核算企业确认的销售商品、提供工业性劳务等主营业务的收入。该账户应按照主营业务的种类设置明细账户，进行明细分类核算。

(二) "其他业务收入"账户

"其他业务收入"账户属于损益类账户，用以核算企业确认的除主营业务活动以外的其他经营活动实现的收入，包括出租固定资产、出租无形资产、出租包装物和商品、销售材料等。该账户可按其他业务的种类设置明细账户，进一步进行明细分类核算。

(三) "应收账款"账户

"应收账款"账户属于资产类账户，用以核算企业因销售商品、提供劳务等经营活动应收取的款项。该账户借方登记由于销售商品及提供劳务等发生的应收账款，包括应收取的价款、税款和代垫款等；贷方登记已经收回的应收账款。

(四) "税金及附加"账户

"税金及附加"账户属于损益类账户，用以核算企业经营活动发生的消费税、城市维护建设税、资源税和教育费附加等相关税费。

(五) "应交税费——应交增值税（销项税额）"账户

"应交税费——应交增值税（销项税额）"账户属于负债类账户，用以核算企业按照税法等规定计算应缴纳的增值税销项税额。如果企业为小规模纳税人，则应设置"应交税费——应交增值税"账户核算应当缴纳的增值税。

> **知识拓展**
>
> 按照纳税人的经营规模及会计核算的健全程度，增值税纳税人分为一般纳税人和小规模纳税人。一般纳税人应纳增值税税额，根据当期销项税额减去当期进项税额后的差额确定；小规模纳税人应纳增值税税额，根据销售额和规定的征收率计算确定。

三、一般销售业务的账务处理

(一) 主营业务收入的账务处理

企业销售商品或提供劳务实现的收入，应按实际收到、应收或者预收的金额，借记

"银行存款""应收账款""应收票据""预收账款"等科目;按确认的营业收入,贷记"主营业务收入"科目。

【例6-2】 2019年8月,A企业销售甲产品5 000件,单价是20元,计100 000元,增值税销项税额为13 000元;销售乙产品2 000件,单价是15元,计30 000元,增值税销项税额为3 900元,款项已收存银行存款账户。会计分录如下:

借:银行存款　　　　　　　　　　　　　　　　　　　　　146 900
　　贷:主营业务收入——甲产品　　　　　　　　　　　　　100 000
　　　　　　　　　　——乙产品　　　　　　　　　　　　　 30 000
　　　　应交税费——应交增值税(销项税额)　　　　　　　 16 900

(二) 其他业务收入的账务处理

当企业发生其他业务收入时,借记"银行存款""应收账款""应收票据"等科目;按确定的收入金额,贷记"其他业务收入"科目,同时确认有关税金。

出租(固定资产、无形资产、包装物等)租金收入的会计分录如下:

借:银行存款/应收账款
　　贷:其他业务收入

【例6-3】 甲公司销售一批原材料,价款20 000元,增值税2 600元,款项收到存入银行。会计分录如下:

借:银行存款　　　　　　　　　　　　　　　　　　　　　 22 600
　　贷:其他业务收入　　　　　　　　　　　　　　　　　　 20 000
　　　　应交税费——应交增值税(销项税额)　　　　　　　 2 600

【例6-4】 甲企业出租包装物收入6 000元,税额款项780元,6 780元已存入银行。会计分录如下:

借:银行存款　　　　　　　　　　　　　　　　　　　　　 6 780
　　贷:其他业务收入　　　　　　　　　　　　　　　　　　 6 000
　　　　应交税费——应交增值税(销项税额)　　　　　　　 780

四、特殊销售业务的账务处理

(一) 商业折扣

商业折扣是指企业为促进商品销售而给予的价格扣除。原价扣减商业折扣后的价格才是商品的实际销售价格。

商业折扣通常作为促销的手段,旨在扩大销路,增加销量。一般情况下,商业折扣直接从商品价格中扣减,购买单位应付的货款和销售单位应收的货款都根据直接扣减商业折扣以后的价格来计算。因此,商业折扣对企业的会计记录没有影响。会计分录如下:

借:应收账款(折扣后的价格)
　　贷:主营业务收入
　　　　应交税费——应交增值税(销项税额)

收到货款时:
借:银行存款

第二节 销售收入的确认与计量

　　贷：应收账款

【例6-5】某公司销售一批产品，按原销售价格计算，金额为30 000元。由于是成批销售，销货方给购货方10%的商业折扣，销货方应收账款的入账金额为27 000元，适用增值税税率为13%。会计分录如下：

　　借：应收账款　　　　　　　　　　　　　　　　　　　　27 000
　　　　贷：主营业务收入　　　　　　　　　　　　　　　　　　23 893.81
　　　　　　应交税费——应交增值税（销项税额）　　　　　　　3 106.19

收到货款时：

　　借：银行存款　　　　　　　　　　　　　　　　　　　　27 000
　　　　贷：应收账款　　　　　　　　　　　　　　　　　　　　27 000

（二）现金折扣

　　现金折扣通常发生在以赊销方式销售货物及提供劳务的交易之中，企业为了鼓励客户提前偿付货款，通常与债务人达成协议，债务人在不同的期限内可以享受不同比例的折扣。现金折扣一般用符号"折扣/付款日期"表示。例如，3/10表示买方在10日内付款，可以享受售价的3%的折扣；2/20表示买方在20日内付款，可以按售价享受2%的折扣；$n/30$表示这笔交易额付款期限为30日之内，若20日之后30日之内付款，不享受任何的折扣。

　　现金折扣的折扣额不得从销售额中扣除，折扣额应计入财务费用。会计分录如下：

销售实现时（销售价格）：

　　借：应收账款
　　　　贷：主营业务收入
　　　　　　应交税费——应交增值税（销项税额）

实际收到款项（现金折扣）：

　　借：银行存款
　　　　财务费用
　　　　贷：应收账款

【例6-6】甲公司为增值税一般纳税企业，使用的增值税税率为13%，2019年10月1日，甲公司向乙公司销售商品一批，按价目表上标明的价格计算，不含增值税的售价总额为20 000元，为鼓励乙公司及早付清款项，甲公司规定的现金折扣条件为2/10、1/20、$n/30$。会计分录如下：

　　借：应收账款　　　　　　　　　　　　　　　　　　　　22 600
　　　　贷：主营业务收入　　　　　　　　　　　　　　　　　　20 000
　　　　　　应交税费——应交增值税（销项税额）　　　　　　　2 600

假定乙公司10月10日付款，甲公司收到22 148元货款，折扣金额作为财务费用。会计分录如下：

　　借：银行存款　　　　　　　　　　　　　　　　　　　　22 148
　　　　财务费用　　　　　　　　　　　　　　　　　　　　　452
　　　　贷：应收账款　　　　　　　　　　　　　　　　　　　　22 600

假定乙公司10月30日付款，会计分录如下：

第六章 销售订单到收款的业务循环

借：银行存款　　　　　　　　　　　　　　　　　　　　22 600
　　贷：应收账款　　　　　　　　　　　　　　　　　　　　　22 600

（三）销售折让

销售折让是指销货企业因售出商品的质量不合格等而在售价上给予的减让。发生销售折让时应冲减当期的商品销售收入。按规定允许扣减增值税税额的，应当冲减已确认的应交增值税销项税额。

销售实现时：
借：应收账款
　　贷：主营业务收入
　　　　应交税费（销项税额）

发生销售折让时：
借：主营业务收入（折让部分）
　　应交税费（销项税额）
　　贷：应收账款

实际收到款项时：
借：银行存款
　　贷：应收账款

【例6-7】　甲公司销售给乙公司一批商品，增值税发票上的售价80 000元，增值税税额10 400元。货收到后买方发现商品质量不合格，要求在价格上给予5%的折让。会计分录如下：

销售实现时：
借：应收账款——乙公司　　　　　　　　　　　　　　　　90 400
　　贷：主营业务收入　　　　　　　　　　　　　　　　　　　80 000
　　　　应交税费——应交增值税（销项税额）　　　　　　　　10 400

发生销售折让时：
借：主营业务收入　　　　　　　　　　　　　　　　　　　4 000
　　应交税费——应交增值税（销项税额）　　　　　　　　　520
　　贷：应收账款——乙公司　　　　　　　　　　　　　　　　4 520

实际收到款项时：
借：银行存款　　　　　　　　　　　　　　　　　　　　85 880
　　贷：应收账款——乙公司　　　　　　　　　　　　　　　　85 880

（四）销售退回

销售退回是指因企业售出的商品质量、品种、规格不符合合同要求等而发生的退货。如果商品没有问题，但买方也要求退货，售方也同意，同样属于销售退回。

销售退回发生在企业确认收入之前的，只要将已记入"发出商品"等账户的商品成本转回"库存商品"账户；企业确认收入后，又发生销售退回的，不论是当年销售的，还是以前年度销售的（除资产负债表日后事项外），一般应冲减退回当月的销售收入，同时冲减退回当月的销售成本。会计分录如下：

(1) 未确认收入的：
借：库存商品
　　贷：发出商品
(2) 已经确认收入的：
销售实现时：
借：应收账款
　　贷：主营业务收入
　　　　应交税费——应交增值税（销项税额）
借：发出商品
　　贷：库存商品
结转成本时：
借：主营业务成本
　　贷：发出商品
发生销售退回时：
借：主营业务收入（退货金额）
　　应交税费——应交增值税（销项税额）
　　贷：应收账款
借：库存商品
　　贷：主营业务成本

【例6-8】甲公司于2016年4月销售给乙公司一批商品，价款10 000元，增值税1 300元，商品已发出，款项尚未收到。月末，企业结转本月的商品销售成本5 000元。5月，上述商品质量严重不合格被乙公司退回，收到退回商品。

4月的会计分录如下：

借：应收账款	11 300
贷：主营业务收入	10 000
应交税费——应交增值税（销项税额）	1 300
借：发出商品	5 000
贷：库存商品	5 000

月末结转销售商品成本时：

借：主营业务成本	5 000
贷：发出商品	5 000

5月的会计分录如下：

借：主营业务收入	10 000
应交税费——应交增值税（销项税额）	1 300
贷：应收账款——乙公司	11 300
借：库存商品	5 000
贷：主营业务成本	5 000

【归纳】商业折扣、现金折扣、销售折让、销售退回的区别如表6-1所示。

表 6-1 商业折扣、现金折扣、销售折让、销售退回的区别

类别	原因	与收入关系	与增值税关系	成本
商业折扣	促销	折后收入	折后计税	不影响
现金折扣	尽早收款	不影响收入	不影响增值税	
销售折让	质量等出现问题	冲减收入	按折让金额比例冲减	
销售退回	退货	冲减收入	按退回金额比例冲减	影响

（五）坏账处理

1. 坏账准备计提的计算

坏账准备是企业对预计可能无法收回的应收票据、应收账款、预付账款、其他应收款、长期应收款等应收预付款项所提取的坏账准备金。

企业应设置"坏账准备"账户，用以核算企业提取的坏账准备。企业应当定期或者至少每年年度终了，对应收款项进行全面检查，预计各项应收款项可能发生的坏账，对于没有把握收回的应收款项，应当计提坏账准备。

企业在提取坏账准备时，首次应借记"资产减值损失"科目；贷记"坏账准备"科目。以后计提：①本期应计提的坏账准备金额大于坏账准备账面余额的，应当按其差额计提，借记"资产减值损失"科目，贷记"坏账准备"科目；②应提取的坏账准备金额小于"坏账准备"账面余额的，应按其差额做相反的会计分录，借记"坏账准备"科目，贷记"资产减值损失"科目。

计提坏账准备的方法有四种：应收账款余额百分比法、账龄分析法、销货百分比法和个别认定法。由企业根据历史经验、债务单位财务情况及相关信息，合理估计，提出目录和提取比例经企业董事会批准执行。

（1）应收账款余额百分比法。应收账款余额百分比法下应收账款、其他应收款、长期应收款的期末余额按一定比例计提坏账。坏账百分比由企业根据以往的资料或经验自行确定。

【例6-9】2019年12月31日，甲公司对乙公司的应收账款总额为100万元，根据乙公司的资信情况进行减值测试，决定按照10%计提坏账准备（甲公司坏账准备期初余额为贷方30 000元）。

应收账款余额=1 000 000×10%−30 000=70 000（元）

应计提的坏账准备=期末应收账款余额×计提比例−坏账准备贷方余额

会计分录如下：

借：资产减值损失　　　　　　　　　　　　　　　　　　　70 000
　　贷：坏账准备　　　　　　　　　　　　　　　　　　　　70 000

【例6-10】2019年12月31日，甲公司对乙公司的应收账款总额为100万元，根据乙公司的资信情况进行减值测试，决定按照10%计提坏账准备（甲公司坏账准备期初余额为贷方120 000元）。

应收账款余额=1 000 000×10%−120 000=−20 000（元）

应计提的坏账准备＝期末应收账款余额×计提比例－坏账准备贷方余额

如果为正数，则说明原有坏账准备不足，应计提；如果为负数，则说明原有坏账准备过多，应冲减。

会计分录如下：

借：坏账准备   20 000
  贷：资产减值损失   20 000

（2）账龄分析法。账龄分析法下将应收账款、其他应收款、长期应收款的期末余额，根据账龄分段按每一段的计提坏账比例计算出本段账龄应计提的坏账，求和后就是累计应计提的坏账，然后减上年已计提额，差额就是本年应计提的坏账。

财务部门收入往来会计应当按月编制应收账款账龄分析表，反映月末尚未收回的应收账款总额的账龄，并详细反映每个客户月末尚未偿还的应收账款数额和账龄。通知销售部门及时催收货款，并按照账龄分析法计提应收账款的坏账准备，坏账准备提取的数额必须能够抵补企业以后无法收回的销货款。

【例 6-11】2019 年年末 A 公司的应收账款账龄及估计坏账损失如表 6-2 所示。

表 6-2 A 公司的应收账款账龄及估计坏账损失

应收账款账龄	应收账款金额/元	估计损失	估计损失金额/元
未到期	25 000	1%	250
过期 6 个月以下	15 000	2%	300
过期 6 个月以上	5 000	5%	250
合计	45 000	—	800

假设 A 公司 2019 年年初"坏账准备"账户余额为贷方 200 元，计算出 2019 年 A 公司应计提的坏账准备及 2016 年年末"坏账准备"账户余额。

2019 年年末"坏账准备"账户余额应为 800 元，2016 年年初"坏账准备"账户贷方余额为 200 元，因此在本年中应计提的坏账准备为 600 元。会计分录如下：

借：资产减值损失   600
  贷：坏账准备   600

（3）销货百分比法。销货百分比法是根据企业销售总额的一定百分比估计坏账损失的方法。百分比按本企业以往实际发生的坏账与销售总额的关系结合生产经营与销售政策变动情况测定。在实际工作中，企业也可以按赊销百分比估计坏账损失。

采用销货百分比法计提坏账准备的计算公式为

当期应计提的坏账准备＝本期销售总额（或赊销额）×坏账准备计提比例

（4）个别认定法。个别认定法是针对每项应收款项的实际情况分别估计坏账损失的方法。例如，一般企业根据应收单位账款的 5% 来计算坏账，但是有一企业有明显的迹象还款困难，就可以对这一企业的应收账款采用个别认定法计提坏账准备金按 10% 或其他。

在同一会计期间内运用个别认定法的应收账款应从采用其他方法计提坏账准备的应收账款中剔除。

2. 实际发生坏账损失的账务处理

坏账损失是已经确认应收而又不能收回的应收账款所产生的损失。

按照有关会计准则，具有以下特征之一的应收账项，应确认为坏账损失：因债务人单位撤销，依照企业法进行清算后，确实无法追回的应收账款；因债务人死亡，已经无遗产可供清偿，又无义务承担人，确认无法收回的应收账款；因债务人逾期未履行偿债义务已超过3年，经多次催讨，确实不能收回的应收账款。

坏账损失的核算有两种方法：直接转销法和备抵法。

（1）直接转销法。直接转销法是指在实际发生坏账损失时，直接从应收账款中转销，列作当期管理费用的方法。会计分录如下：

确认坏账时：

借：管理费用——坏账损失

　　贷：应收账款——××公司

已冲销的应收账款又收回时：

借：应收账款——××公司

　　贷：管理费用——坏账损失

同时：

借：银行存款

　　贷：应收账款——××公司

直接转销法把发生的坏账损失直接列入当期损益，简单明了。但它没有将各个会计期间发生的坏账损失与应收账款相联系，影响收入与费用的正确配比，不符合会计核算的稳健性原则。这一方法适用于商业信用较少、坏账损失风险小的企业。

（2）备抵法。备抵法就是指企业按期估计可能产生的坏账损失，并列入当期费用，形成企业的坏账准备，待实际发生坏账损失时，再冲销坏账准备和应收账款的处理方法。通常使用的是应收账款余额百分比法，这一方法适用于赊销金额大、坏账比例高且数额较大的企业，更符合稳健性原则。会计分录如下：

期末按一定标准计提坏账准备时：

借：资产减值损失

　　贷：坏账准备（计提数）

确认无法收回的坏账时：

借：坏账准备（确认数）

　　贷：应收账款——××公司

坏账损失又收回时：

借：应收账款——××公司

　　贷：坏账准备

同时：

借：银行存款

　　贷：应收账款——××公司

第二节 销售收入的确认与计量

【例 6-12】 2019 年年底，甲公司"应收账款——乙公司"账户余额为 1 000 000 元，按 1%计提坏账准备。会计分录如下：

借：资产减值损失 10 000
　　贷：坏账准备 10 000

2020 年因乙公司经营困难，现金流量短缺，甲公司确认 3 000 元的坏账损失。会计分录如下：

借：坏账准备 3 000
　　贷：应收账款——乙公司 3 000

2021 年收回已确认损失 2 000 元，会计分录如下：

借：应收账款——乙公司 2 000
　　贷：坏账准备 2 000
借：银行存款 2 000
　　贷：应收账款 2 000

五、记录主营业务收入明细账、应收账款明细账

记录销售交易的明细账，记载和反映不同类别商品或服务的营业收入的明细发生情况和总额，如表 6-3 和表 6-4 所示。

表 6-3　主营业务收入明细账

日期	类别	编号	摘要	贷方						
				A 产品	B 产品	C 产品	D 产品	E 产品	其他	合计

第六章 销售订单到收款的业务循环

表 6-4　××××公司应收账款明细账

2011年		凭证		摘要	借方	贷方	借或贷	余额
月	日	种类	号数		亿仟百十万千百十元角分	亿仟百十万千百十元角分		亿仟百十万千百十元角分
							平	
							平	
							平	
							平	
							平	
							平	
							平	
							平	
							平	
							平	
							平	
							平	
							平	
							平	
							平	
							平	

第七章

利润核算

知识目标

- 了解期间费用、税金及附加的核算范围。
- 了解营业外收入的概念及涵盖范围。
- 了解政府补助、盘盈、盘亏的会计处理方式。
- 掌握所得税费用的核算流程。
- 了解利润的概念和形成。
- 熟记本期利润的计算公式及其组成部分。
- 掌握本期利润的核算。

技能目标

- 能分清企业的营业收支和营业外收支。
- 能正确完成政府补助、盘盈盘亏的业务处理。
- 能区别会计利润和应纳税所得额,分清所得税费用和应纳所得税额。
- 能够完成所得税费用的相关账务处理。
- 能够完成损益类账户的结转程序。
- 能够正确计算期末利润。

知识导图

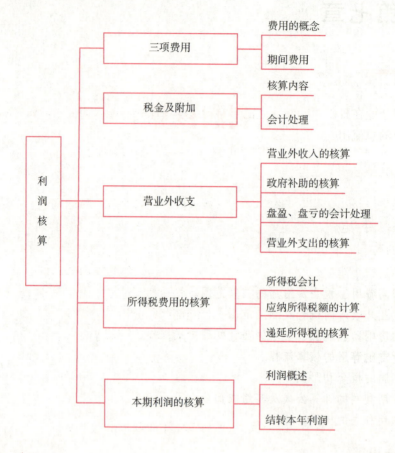

引导案例

利润是衡量一个企业经营效益的重要指标，反映出企业在一定会计期间的经营成果。A、B、C三位同学对于会计中的利润的计量展开讨论。

A同学：根据经营成果等式，利润的计算公式为"利润=收入−费用"。

B同学：利润可以进行细分，包括营业利润、利润总额及净利润，这三者的计算数额一般不相等。

C同学：通常在"本年利润"账户中核算的利润指的是净利润。

思考：利润指什么？

第一节 三项费用

一、费用的概念

费用是指企业在日常活动中发生的、会导致所有者权益减少的、与向所有者分配利润无关的经济利益的总流出。

二、期间费用

期间费用是指企业本期发生的、不能直接或间接归入某种产品成本的，因而直接计入当期损益的各项费用，包括管理费用、销售费用和财务费用。

（一）管理费用

管理费用是指企业在组织生产和管理过程中，由行政管理部门的管理行为而产生的各种费用。管理费用包含的内容相当复杂，包括行政管理部门使用的固定资产所计提的折旧，无形资产、长期资产、待摊费用的摊销；行政管理部门在公司经营管理中发生的，或者应由公司统一负担的费用，如公司经费、工会经费、劳动保险费、董事会费、职工教育经费、研究开发的费用化支出等。无论管理费用多么复杂，但基本上都是为了公司整体的正常运转而支出的。

> ☞提示
> 企业在筹建期间内发生的开办费、生产车间（部门）和行政管理部门等发生的固定资产修理费应计入管理费用。

（二）销售费用

销售费用是指企业在销售商品和材料、提供劳务的过程中发生的各种费用，包括公司销售商品过程中发生的运输费、装卸费、包装费、保险费、展览费和广告费，以及为销售公司商品而专设的销售机构人员的职工工资、社保、公积金、福利费、业务招待费、差旅费等经常费用。

> ☞提示
> 商品流通企业采购商品过程中发生的采购费用应计入存货成本，不计入销售费用。

（三）财务费用

财务费用是指企业为筹集生产经营所需资金等而发生的筹资费用，主要包括公司在生产经营中的利息支出、汇兑损失及相关手续费等。

利息支出包括借款利息、应付票据利息、票据贴现利息、应付债券利息、长期应付融资租赁款利息等，企业银行存款获得的利息收入应冲减上述利息支出。汇兑损失主要是指公司有外币业务时，由于发生业务和月末、季末、年底结账时的汇率不同而造成的账面损失。相关手续费是指公司与金融机构往来过程中发生的各种费用，如结算费用和购买债券、发行债

第七章 利润核算

券支付的相关费用。

> ☞ 提示
>
> 以公允价值计量且其变动计入当期损益的金融负债发生的初始直接费用及计提的利息计入投资收益，不计入财务费用。
>
> 并非所有的借款利息都计入财务费用，如公司为建造固定资产而借入资金在固定资产交付使用前发生的利息支出，要计入固定资产成本而不计入财务费用。

第二节　税金及附加

一、核算内容

依据《关于印发〈增值税会计处理规定〉的通知》（财会〔2016〕22号）的规定，全面试行"营业税改征增值税"后，"营业税金及附加"科目名称调整为"税金及附加"科目。该科目核算企业经营活动发生的消费税、城市维护建设税、资源税、教育费附加、房产税、城镇土地使用税、车船税、印花税等相关税费。这里需要提醒的是，之前在"管理费用"科目中列支的房产税、城镇土地使用税、车船税、印花税，也同步调整到"税金及附加"科目。

二、会计处理

（1）月末终了时，根据当月应负担的税金进行计提，会计分录如下：

借：税金及附加
　　贷：应缴税费——应交消费税（城市维护建设税、资源税、教育费附加及房产税、城镇土地使用税、车船税等）

（2）次月申报期申报，银行扣款缴纳税金时，会计分录如下：

借：应缴税费——应交消费税（城市维护建设税、资源税、教育费附加及房产税、城镇土地使用税、车船税等）
　　贷：银行存款

第三节　营业外收支

一、营业外收入的核算

（一）营业外收入的概念

营业外收入指与日常生产经营过程无直接关系，应列入当期利润的收入，是企业财务成果的组成部分。营业外收入并不是由企业经营资金耗费所产生的,不需要企业付出代价,它实际上是经济利润的净流入,不可能也不需要与有关费用进行配比。

(二) 营业外收入的涵盖范围

营业外收入主要包括非流动资产处置利得、盘盈利得、捐赠利得、确实无法支付而按规定程序经批准后转作营业外收入的应付款项等。

1. 非流动资产处置利得

非流动资产处置利得包括固定资产处置利得和无形资产出售利得。其中,固定资产处置利得是指企业出售固定资产所取得价款和报废固定资产的残料价值及变价收入等,扣除固定资产的账面价值、清理费用、处置相关税费后的净收益。无形资产出售利得是指企业出售无形资产所取得价款扣除出售无形资产的账面价值、出售相关税费后的净收益。

【例7-1】甲公司系增值税一般纳税人。2018年12月31日,甲公司出售一台原价为452万元、已提折旧364万元的生产设备,取得的增值税专用发票上注明的价款为150万元,增值税税额为25.5万元。出售该生产设备发生不含增值税的清理费用8万元,不考虑其他因素,计算甲公司出售该生产设备的利得。

甲公司出售该生产设备的利得=企业出售固定资产所取得价款-清理费用-固定资产的账面价值=150-8-(452-364)=54(万元)。

2. 盘盈利得

盘盈利得是指企业对于现金等资产清查盘点中盘盈的资产、报经批准后计入营业外收入的金额。其中,固定资产盘盈是指企业在财产清查盘点中发现的账外固定资产的估计原值减去估计折旧后的净值,现行准则中记入"以前年度损益调整"账户(了解即可)。相关会计分录如下:

借:库存现金
　　待处理财产损溢
　　贷:营业外收入

3. 因债权人原因确实无法支付的应付款项

因债权人原因确实无法支付的应付款项主要是指因债权人单位变更登记或撤销等而无法支付的应付款项等。

4. 政府补助

政府补助是指企业从政府无偿取得货币性资产或非货币性资产形成的利得。

5. 教育费附加返还款

教育费附加返还款是指自办职工子弟学校的企业在交纳教育费附加后,教育部门返还给企业的所办学校的经费补贴费。

6. 罚款收入

罚款收入是指对方违反国家有关行政管理法规,按照规定支付给本企业的罚款,不包括银行的罚息。

(三) 账务处理

为了总括反映和监督企业营业外收入情况,企业应设置"营业外收入"账户。该账户贷方登记企业发生的营业外收入额,借方登记期末转入"本年利润"账户的数额,经结转后该账户期末无余额。

第七章 利润核算

下面以企业转让固定资产和处置无形资产为例，借助会计分录的形式详细介绍"营业外收入"账户的会计处理过程。转让固定资产和处置无形资产的会计处理如表7-1所示。

表7-1 转让固定资产和处置无形资产的会计处理

业务活动	转让固定资产	处置无形资产
会计分录	先结转固定资产原值和已提累计折旧额。 借：固定资产清理 　　累计折旧 　贷：固定资产 收到双方协议价款时： 借：银行存款 　贷：固定资产清理 最后结转清理损益，若转出价款高于固定资产账面净值，则 借：固定资产清理 　贷：营业外收入	处置无形资产时，结转无形资产账面价值和已计提的累计摊销，支付相关税费及其他费用。 借：银行存款等 　　累计摊销 　　无形资产减值准备 　贷：无形资产 　　　营业外收入 　　　应交税费
月底处理	借：营业外收入 　贷：本年利润	

【例7-2】甲企业为增值税一般纳税人，出售一项商标权，所得的并不含税价款为1 200 000元，应交纳的增值税为72 000元（适用增值税税率为6%，不考虑其他税费）。该商标权成本为3 000 000元，出售时已摊销金额为1 800 000元，已计提的减值准备为300 000元。会计分录如下：

借：银行存款　　　　　　　　　　　　　　　　　　　　　　　　1 272 000
　　累计摊销　　　　　　　　　　　　　　　　　　　　　　　　1 800 000
　　无形资产减值准备　　　　　　　　　　　　　　　　　　　　　 300 000
　贷：无形资产——商标权　　　　　　　　　　　　　　　　　　3 000 000
　　　应交税费——应交增值税　　　　　　　　　　　　　　　　　　72 000
　　　营业外收入——处置非流动资产利得　　　　　　　　　　　　 300 000

二、政府补助的核算

（一）政府补助概述

1. 政府补助的特征

政府补助具有如下两点特征。

（1）政府补助是无偿的。无偿性是政府补助的基本特征，这一特征将政府补助与政府作为企业所有者投入的资本、政府采购等政府与企业之间双向、互惠的经济活动区分开来。

（2）直接取得资产。政府补助是企业从政府直接取得来源于政府的经济资源，包括货币性资产和非货币性资产，形成企业的收益。例如，企业取得政府拨付的补助，先征后返（退）、即征即退等办法返还的税款，行政划拨的土地使用权，天然林等。

第三节 营业外收支

知识拓展

（1）不涉及资产直接转移的经济支持不属于政府补助准则规范的政府补助。例如，政府与企业间的债务豁免，除税收返还外的税收优惠，如直接减征、免征、增加计税抵扣额、抵免部分税额等。

（2）增值税出口退税也不属于政府补助。根据税法规定，对增值税出口货物实行零税率，即对出口环节的增值部分免征增值税，同时退回出口货物前道环节所征的进项税额。这实际上是政府退回企业事先垫付的进项税，所以也不属于政府补助。

2. 政府补助的形式及分类

政府补助的形式主要有财政拨款、财政贴息、税收返还和无偿划拨非货币性资产等。

企业不论通过何种形式取得的政府补助，在会计处理上，都要根据政府补助准则规定。政府补助按其关联情况，分为与资产相关的政府补助和与收益相关的政府补助。

与资产相关的政府补助是指企业取得的、用于购建或以其他方式形成长期资产的政府补助，如行政无偿划拨土地使用权、天然林等。与收益相关的政府补助是指除了与资产相关的政府补助之外的政府补助，如政府稳岗补贴、政府贴息。

（二）政府补助的会计处理

政府补助的无偿性决定了其应当最终计入损益而非直接计入所有者权益。其会计处理有两种方法：一是总额法，将政府补助全额确认为收益；二是净额法，将政府补助作为相关成本费用的扣减。

1. 与资产相关的政府补助的会计处理

通常情况下，相关补助文件会要求企业将补助资金用于取得长期资产。企业收到补助资金时，可以选择以下两种会计处理方法，即总额法和净额法，如表7-2所示。

表7-2 总额法和净额法

总额法	净额法
取得补助资金时，会计分录如下： 借：银行存款 　　贷：递延收益 在资产使用寿命内将递延收益分期计入损益，会计分录如下： 借：递延收益 　　贷：其他收益/营业外收入	将补助冲减相关资产账面价值，企业按照扣减了政府补助后的资产价值对相关资产计提折旧或进行摊销

2. 与收益相关的政府补助的会计处理

（1）补偿企业已发生的相关费用或损失的，会计上直接计入营业外收入或其他收益。

（2）补偿企业以后期间的相关费用或损失，在收到时应当先判断企业能否满足政府补助所附条件。如果收到时暂时无法确定，则应当先作为预收款项计入其他应付款。当客观情况表明企业能够满足政府补助所附条件后，会计上确认为递延收益，然后在确认相关费用的期间计入当期营业外收入或其他收益。

第七章 利润核算

> **提示**
> 目前实务上,对于原计入营业外收入的退税等,即与日常经营活动相关的,根据《企业会计准则第16号——政府补助》应计入其他收益。对于政府部门发放的一次性补助和奖励(如针对上市、高新等),由于其与经营活动无直接联系,仍在"营业外收入"账户中核算。

【例7-3】A公司5月收到财政发放的2019年政府稳岗补贴5 000元,本月的会计分录如下:

借:银行存款　　　　　　　　　　　　　　　　　　　　　　　　5 000
　　贷:其他收益　　　　　　　　　　　　　　　　　　　　　　　　5 000

【例7-4】A公司5月收到财政发放的企业上年度因生产车间工艺技术改造补贴的10万元。会计分录如下:

借:银行存款　　　　　　　　　　　　　　　　　　　　　　　　100 000
　　贷:递延收益　　　　　　　　　　　　　　　　　　　　　　　　100 000

再按资产寿命期间结转至其他收益(假设设备使用期为10年),会计分录如下:

借:递延收益　　　　　　　　　　　　　　　　　　　　　　　　833.33
　　贷:其他收益　　　　　　　　　　　　　　　　　　　　　　　　833.33

三、盘盈、盘亏的会计处理

(一)库存现金

企业库存现金需要定期盘点。若发生账实不一致,则先通过"待处理财产损溢"账户进行处理,批准后分情况转至相应账户。

【例7-5】甲企业于3月末进行库存现金盘点,发现现金少了500元。会计分录如下:

借:待处理财产损溢——待处理流动资产损溢　　　　　　　　　　500
　　贷:库存现金　　　　　　　　　　　　　　　　　　　　　　　　500

现金盘亏又无法查明原因,会计分录如下:

借:管理费用　　　　　　　　　　　　　　　　　　　　　　　　500
　　贷:待处理财产损溢——待处理流动资产损溢　　　　　　　　　　500

(二)存货

存货定期盘点发生账实不一致的,也先通过"待处理财产损溢"账户进行处理,批准后分情况转至相应账户。

若能查明原因,是天灾的作借记营业外支出;是人祸有责任人赔偿的,作借记其他应收款。若始终查不出原因,则无论盘盈盘亏,都借记或贷"记管理费用"科目。相关会计分录如下:

(1)发生天灾时:

借:营业外支出
　　贷:待处理财产损溢——待处理流动资产损溢

（2）有责任人赔偿时：

借：其他应收款（应收责任人、保险公司赔款）
　　　贷：待处理财产损溢——待处理流动资产损溢

（3）盘盈、盘亏却始终查不出原因时：

借：管理费用（或反向）
　　　贷：待处理财产损溢——待处理流动资产损溢

【例 7-6】 甲企业仓库中的 A 材料数量减少，该材料损失数额为 1 000 元。经调查，是自然灾害导致的亏损。会计分录如下：

借：待处理财产损溢——待处理流动资产损溢　　　　　　　1 000
　　　贷：原材料——A 材料　　　　　　　　　　　　　　　　1 000
借：营业外支出　　　　　　　　　　　　　　　　　　　　1 000
　　　贷：待处理财产损溢——待处理流动资产损溢　　　　　1 000

四、营业外支出的核算

（一）营业外支出核算的内容

营业外支出核算的内容包括固定资产盘亏、处置固定资产净损失、处置无形资产净损失、债务重组损失、罚款支出、捐赠支出、非常损失等。

（二）营业外支出的会计处理

企业应通过"营业外支出"账户核算营业外支出的发生及结转情况。该账户可按营业外支出项目进行明细核算。

下面以处置固定资产损失和确认盘亏、非常损失为例，借助会计分录的形式详细介绍"营业外支出"账户的会计处理过程。

【例 7-7】 A 公司现有一台设备由于性能等原因决定提前报废，原价 100 000 元，已计提折旧 70 000 元，未计提减值准备，报废时的残值变价收入 1 000 元，有关收入、支出均通过银行办理结算。假定不考虑相关税收影响，A 公司应编制的会计分录如下：

（1）将报废固定资产转入清理时：

借：固定资产清理　　　　　　　　　　　　　　　　　　30 000
　　累计折旧　　　　　　　　　　　　　　　　　　　　70 000
　　　贷：固定资产　　　　　　　　　　　　　　　　　　100 000

（2）收回残料变价收入时：

借：银行存款　　　　　　　　　　　　　　　　　　　　1 000
　　　贷：固定资产清理　　　　　　　　　　　　　　　　　1 000

（3）结转报废固定资产发生的净损失时：

借：营业外支出——非流动资产处置损失　　　　　　　　29 000
　　　贷：固定资产清理　　　　　　　　　　　　　　　　　29 000

【例 7-8】 B 公司 2019 年购入一批生产用原材料账面价值为 1 000 元，后来因管理不善而变质无法使用，进行清理后作价出售，收取变价收入 200 元。假定不考虑相关税收影响，该公司应编制的会计分录如下：

第七章　利润核算

(1) 转入清理时：
借：待处理财产损溢——待处理流动资产损溢　　　　　　1000
　　贷：原材料　　　　　　　　　　　　　　　　　　　　　1000
(2) 取得变价收入时：
借：银行存款　　　　　　　　　　　　　　　　　　　　　200
　　贷：待处理财产损溢——待处理流动资产损溢　　　　　　200
(3) 结转清理损益：
借：营业外支出　　　　　　　　　　　　　　　　　　　　800
　　贷：待处理财产损溢——待处理流动资产损溢　　　　　　800

第四节　所得税费用的核算

一、所得税会计

(一) 所得税会计的产生

在实际生活中，会计制度与税法分别具有不同的目的和原则，这导致了它们在收入、成本、费用等有关项目上的确认标准不一样。与此同时，进一步导致了企业会计按"税前利润"计算的所得税费用与按税法对应税所得额规定计算的"应交所得税"之间的差异。

知识拓展

(1) 会计的目的是向投资者、债权人或其他报表使用者提供真实完整的会计信息，以便于进行正确的决策。

(2) 税法以课税为目的，根据经济合理、公平税负、促进竞争的原则，确定一定时期内纳税人应交的税额。

(二) 所得税费用的核算流程

目前我国所得税会计采用的是资产负债表债务法。根据公式"所得税费用＝当期应交所得税＋递延所得税费用（收益）"，企业可以遵循如下程序。

(1) 遵循现行所得税法有关规定，明确应交所得税额，应纳税所得额与适用的所得税税率相乘计算出的结果即为当期所得税金额。该程序属于税务会计范畴，应当以企业所得税法为准绳。

(2) 按照企业会计准则的有关规定，比较资产、负债的账面价值与其计税基础，确认递延所得税资产、负债的增减变化，从而计算出递延所得税费用。

所得税费用的核算流程如图7-1所示。

第四节 所得税费用的核算

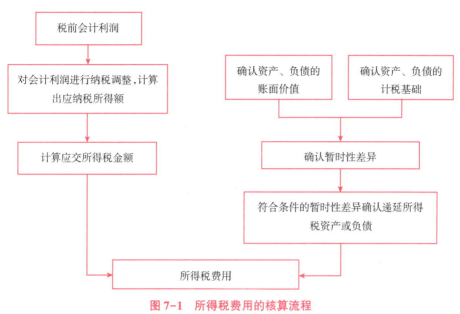

图 7-1 所得税费用的核算流程

二、应纳所得税额的计算

企业在计算当期应税所得时,按是否以企业会计利润为计算起点划分,有直接法、间接法两种。不管采用哪一种方法,计算的金额都应该是相同的。

(一) 应纳税所得额的计算方法

1. 应纳税所得额计算的直接法

直接法是根据财务会计账簿记录,按照所得税法规定依次分析各项收入、支出金额,计算当期应纳税所得额的方法。计算公式为

应纳税所得额=收入总额-不征税收入-免税收入-各项扣除金额-弥补亏损

在这种方法下,应纳税所得额的计算公式中的收入总额实际等于企业当期应税收入额。其中,包括企业的不征税收入和免税收入。

不能包括的项目有:所得税法规定的扣除项目有扣除限额项目中超出扣除限额的部分支出的金额,如多计提的折旧费、广告和业务宣传费等;企业虽然列支,但是所得税法规定不得税前扣除的项目金额,如罚金支出等。

企业有最近五年内发生的、经税务机关认可允许扣除的以前年度亏损,应当在计算应税所得额前进行扣除。

直接法在分析应税所得构成时清晰明了,易于理解。但是在实际工作中采用这种方法是很不现实的。对于企业而言,采用直接法会耗时耗力而且易于出错,因为企业很难做到在本纳税期间对所有收入和支出都逐一分析对比,难以在脱离会计报表的基础上进行独立计算。对于税务机关而言,采用这种方法进行税务管理和检查的难度也非常大。所以,我国所得税纳税申报表没有采取这种方法。

各项扣除包括的内容如图 7-2 所示。

第七章 利润核算

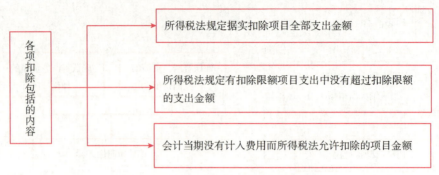

图7-2 各项扣除包括的内容

2. 应纳税所得额计算的间接法

间接法下的应纳税所得额的计算公式为

$$应纳税所得额 = 会计利润总额 \pm 纳税调整项目金额$$

$$利润总额 = 营业利润 + 投资净收益 + 营业外收入 - 营业外支出$$

纳税调整项目如表7-3所示。

表7-3 纳税调整项目

项目	说明
不征税收入	财政拨款，依法收取并纳入财政管理的行政事业性收费、政府性基金及国务院规定的其他不征税收入
国债利息收入	不计入应纳所得税额，但中途转让所得应计税
职工福利费、工会经费、职工教育经费	职工福利费支出：不超过工资、薪金总额14%的部分准予扣除
	工会经费：不超过工资、薪金总额2%的部分准予扣除，超过的部分不得扣除
	职工教育经费支出：不超过工资、薪金总额8%的部分准予扣除，超过的部分准予结转以后纳税年度扣除
保险费	企业依照国务院有关主管部门或者省级人民政府规定的范围和标准为职工缴纳的"五险一金"，准予扣除
	企业为投资者或者职工支付的补充养老保险费、补充医疗保险费，在国务院财政、税务主管部门规定的范围和标准内，5%准予扣除
	企业参加财产保险，按照规定缴纳的保险费，准予扣除
	企业为投资者或者职工支付的商业保险费，不得扣除
业务招待费	企业发生的与生产经营活动有关的业务招待费支出，按照发生额的60%扣除，但最高不得超过销售收入5‰，超过规定比例的部分不得扣除
广告费和业务宣传费	企业发生的符合条件的广告费和业务宣传费支出，除国务院财政、税务主管部门另有规定外，不超过当年销售收入15%的部分，准予扣除，超过的部分准予在以后纳税年度结转扣除
公益、救济性捐赠	不超过年度利润总额12%的部分，准予扣除
企业之间各种支出	企业之间支付的管理费、企业内营业机构之间支付的租金和特许权使用费，以及非银行企业内营业机构之间支付的利息，不得扣除

第四节 所得税费用的核算

续表

项目	说明
罚款、罚金、滞纳金	企业因违反法律、行政法规而交付的罚款、罚金、滞纳金，不得扣除
非公益、救济性捐赠、赞助支出	不得扣除
准备金	除税法规定可提取的准备金之外，其他任何形式的准备金，不得扣除
特别纳税调整	对关联企业做出特别纳税调整的，应当对补征的税款，自税款所属纳税年度的次年6月1日起至补缴税款之日止的期间，按日加收利息，所加收的利息不得扣除

（二）应纳税额的计算

1. 应纳税额的计算公式

应纳税额的计算公式为

应纳税额＝应纳税所得额×适用税率－减免税额－抵免税额

＝（收入总额－不征税收入－免税收入－各项扣除－允许弥补的以前年度亏损）×适用税率－减免税额－抵免税额

【例7-9】 甲企业2019年的利润总额为400万元，其中，该企业取得的本年国债利息收入为10万元，已计入营业外支出的税收滞纳金为5万元。试求甲企业的应纳税所得额。

根据税法规定，国债利息收入是免征企业所得税的，因违反税法规定而交付的滞纳金不得在税前扣除，所以甲企业的应纳税所得额＝400－10＋5＝395（万元）。

2. 减免税额和抵免税额

减税免税是对某些纳税人或课税对象的鼓励或照顾措施。减税是减征部分应纳税款；免税是免征全部应纳税款。减税免税可以分为税基式减免、税率式减免和税额式减免三种形式。

税收抵免是指允许纳税人从某种合乎奖励规定的支出中，以一定比率从其应纳税额中扣除，以减轻其税负。例如，税收抵免是指居住国政府对其居民企业来自国内外的所得一律汇总征税，但允许抵扣该居民企业在国外已纳的税额，以避免国际重复征税。

三、递延所得税的核算

（一）资产、负债的计税基础

《企业会计准则第18号——所得税》中规定：资产的计税基础是指企业收回资产账面价值过程中，计算应纳税所得额时按照税法规定可以自应税经济利益中抵扣的金额。负债的计税基础是指负债的账面价值减去未来期间计算应纳税所得额时按照税法规定可予抵扣的金额。

以固定资产为例，取得时其账面价值一般等于计税基础，但是在持有期间进行后续计量时，会计上的基本计量模式是"成本－累计折旧－固定资产减值准备"。会计与税收处理的差异主要来自折旧方法、折旧年限及固定资产减值准备的提取。相关计算公式为

账面价值=实际成本-会计累计折旧-固定资产减值准备

计税基础=实际成本-税收累计折旧

【例7-10】 某家企业在2019年1月获取一项环保类固定资产，其企业会计人员利用年限平均法计提折旧，使用年限8年，原来的价钱为680万元，无净残值。根据相关的税法规定，作为环保类固定资产，可通过加速折旧法计提的折旧进行税前扣除。此家企业在计税中采取双倍余额递减法计提折旧，无净残值。在2020年7月，此家企业预计该项固定资产的可收回金额大约为520万元。

根据准则规定的资产的计税基础的确认，我们可以得此项固定资产的账面价值=680-2×68-50=494（万元），计税基础=680×（1-20%）-520×20%=440（万元）。同样，各种无形资产、交易性金融资产等，都需要严格遵循税法，进行计算计税基础。

（二）暂时性差异和递延所得税

1. 暂时性差异

暂时性差异也就是资产、负债的账面价值与其计税基础产生的差额，分为应纳税暂时性差异、可抵扣暂时性差异。由于暂时性差异会对未来期间应税金额产生多方面的影响，其具体划分为不同的类型，如表7-4所示。

表7-4 暂时性差异不同的类型

项目	内容	含义
应纳税暂时性差异	资产账面价值大于计税基础	意味着企业在未来期间将会增加应纳所得税额和应交所得税，形成递延所得税负债
	负债账面价值小于计税基础	
可抵扣暂时性差异	资产账面价值小于计税基础	意味着企业在未来期间将会减少应纳所得税额和应交所得税，形成递延所得税资产
	负债账面价值大于计税基础	

2. 递延所得税

企业根据所得税准则确认的应纳税暂时性差异产生递延所得税负债，根据所得税准则确认的可抵扣暂时性差异产生递延所得税资产。

递延所得税的相关计算公式为

期末递延所得税负债（资产）=期末应纳税（可抵扣）暂时性差异×转回期间适用的所得税税率

递延所得税负债（资产）发生额=递延所得税负债（资产）期末余额-递延所得税负债（资产）期初余额

递延所得税费用（收益）=当期递延所得税负债增加+当期递延所得税资产减少-当期递延所得税负债减少-当期递延所得税资产增加

（三）会计处理

1. 递延所得税负债的确认和计量

除所得税准则中明确规定可不确认递延所得税负债的情况以外，企业对于所有的应纳税暂时性差异均应确认相关的递延所得税负债。除直接计入所有者权益的交易或事项及企业合并中取得资产、负债相关的以外，在确认递延所得税负债的同时，应增加利润表中的所得税费用。

【例7-11】A企业于2019年12月6日购入某项设备，取得成本为5 000 000元，会计上采用年限平均法计提折旧，使用年限为10年，净残值为零。因该资产长年处于强震动状态，计税时按双倍余额递减法计列折旧，使用年限及净残值与会计相同。A企业适用的所得税税率为25%。假定该企业不存在其他会计与税收处理的差异。

2020年12月31日：

资产账面价值=5 000 000－5 000 000/10=4 500 000（元）

资产计税基础=5 000 000－5 000 000×20%=4 000 000（元）

递延所得税负债余额=（4 500 000－4 000 000）×25%=125 000（元）

借：所得税费用　　　　　　　　　　　　　　　　125 000
　　贷：递延所得税负债　　　　　　　　　　　　　　125 000

2021年12月31日：

资产账面价值=5 000 000－5 000 000/10×2=4 000 000（元）

资产计税基础=5 000 000－5 000 000×20%－4 000 000×20%=3 200 000（元）

递延所得税负债余额=（4 000 000－320）×25%=200 000（元）

借：所得税费用　　　　　　　　　　　　　　　　75 000
　　贷：递延所得税负债　　　　　　　　　　75 000（200 000－125 000）

2. 递延所得税资产的确认和计量

因资产、负债的账面价值与其计税基础不同而产生可抵扣暂时性差异的，在估计未来期间能够取得足够的应纳税所得额用以利用该可抵扣暂时性差异时，应当以很可能取得用来抵扣可抵扣暂时性差异的应纳税所得额为限，确认相关的递延所得税资产。递延所得税资产的确认应以未来期间可能取得的应纳税所得额为限。

【例7-12】A公司2019年12月1日取得一项可供出售金融资产，取得成本为2 200 000元。2019年12月31日，该项可供出售金融资产的公允价值为2 000 000元。大海公司适用的所得税税率为25%。会计分录如下：

（1）2019年12月1日：

借：可供出售金融资产——成本　　　　　　　　　2 200 000
　　贷：银行存款　　　　　　　　　　　　　　　　2 200 000

（2）2019年12月31日：

借：其他综合收益　　　　　　　　　　　　　　　200 000
　　贷：可供出售金融资产——公允价值变动　　　　200 000

借：递延所得税资产　　　　　　　　　　　　　　50 000
　　贷：其他综合收益　　　　　　　　　　　　　　50 000

2019年12月31日，该项可供出售金融资产的账面价值为2 000 000元，计税基础为2 200 000元，产生可抵扣暂时性差异200 000元，应确认递延所得税资产为50 000元（20×25%）。

第五节　本期利润的核算

一、利润概述

（一）利润的概念

会计中的利润是指企业在一定会计期间的经营成果。利润包括收入减去费用后的净额、直接计入当期利润的利得和损失等。利润是衡量企业优劣的一种重要标志，往往是评价企业管理层业绩的一项重要指标，也是投资者等财务报告使用者进行决策时的重要参考。

（二）利润的分类

利润按其构成的不同层次可划分为营业利润、利润总额和净利润。

（三）利润的确认和计量

利润的确认和计量，简单地说就是利润的确定。企业的利润总额主要由营业利润、投资净收益和营业外收支净额构成，其关系为

营业利润＝营业收入－营业成本－税金及附加－（管理费用+销售费用+财务费用）－资产减值损失±公允价值变动收益（损失）±投资收益（损失）±资产处置收益（损失）+其他收益

利润总额＝营业利润+营业外收入－营业外支出

净利润＝利润总额－所得税费用

由此可见，企业的利润构成分为三个层次：首先是营业利润，其次是利润总额，最后是净利润。

【例7-13】某企业本月营业收入为510 000元，营业外收入为100 000元，投资收益为60 000元，营业成本为360 000元，税金及附加为20 000元，营业外支出为80 000元，管理费用为30 000元，销售费用为20 000元，财务费用为15 000元，所得税费用为10 000元。下面具体计算该企业本月的营业利润、利润总额以及净利润。

营业利润＝营业收入－营业成本－税金及附加－管理费用－销售费用－财务费用+投资收益

＝510 000－360 000－20 000－30 000－20000－15 000+60 000＝125 000（元）

利润总额＝营业利润+营业外收入－营业外支出

＝125 000+100 000－80 000＝145 000（元）

净利润＝利润总额－所得税费用

＝145 000－10 000＝135 000（元）

二、结转本年利润

（一）本年利润

本年利润是指企业某个会计年度的净利润（或净亏损），它是由企业利润组成内容计算确定的，是企业从公历年1~12月逐步累计而形成的一个动态指标。本年利润是一个汇总类

账户。

(二) 结转本年利润的方法

为了计算出当期利润，通常采用两种方法，即表结法和账结法。

知识拓展

在表结法下，1—11月各损益类账户的余额在账务处理上暂不结转至"本年利润"账户，而是在损益表公式中的定义中按收入、支出结出净利润，然后将净利润在负债表中的"未分配利润"行中列示。

到12月年终结算时，再将各损益类账户的余额结转至"本年利润"账户，结转后各损益类账户的余额为0，同时也不产生凭证，只是把数据库中的损益类账户结转到下一个年度。

【例7-14】A公司采用表结法计算利润。2018年，A公司结账前有关损益类账户的年末余额如下：主营业务收入475 000元、主营业务成本325 000元、其他业务收入100 000元、其他业务成本75 000元、营业外收入20 000元、营业外支出35 000元、投资收益7 500元、税金及附加18 000元、管理费用60 000元、财务费用12 500元、销售费用20 000元。

结转损益类账户：

借：主营业务收入	475 000
其他业务收入	100 000
营业外收入	20 000
投资收益	7 500
贷：本年利润	602 500
借：本年利润	545 500
贷：主营业务成本	325 000
其他业务成本	75 000
营业外支出	35 000
税金及附加	18 000
管理费用	60 000
财务费用	12 500
销售费用	20 000

国内财务系统多采用账结法，每月月末均需编制转账凭证，把账面上结计出的各损益类账户的余额转入"本年利润"账户。结转后"本年利润"账户的本月合计数反映当月实现的利润或发生的亏损，"本年利润"账户的本年累计数反映本年累计实现的利润或发生的亏损。

(三) ERP 系统中的期间损益结转

在一个会计期间结束时，企业运用用友-U8财务软件将损益类账户的余额结转到"本年利润"账户中，基本的操作方法是借助系统中"期间损益结转设置"这一功能对营业收入、营业成本、营业外收支、投资收益、税金及附加、管理费用、销售费用、财务费用等所有损益类账户进行结转。

第八章

财务结账

知识目标

- 了解财务会计中结账的概念。
- 掌握结账前对账的主要内容。
- 了解财务结账的方法。
- 掌握会计手工核算中的结账方法。
- 掌握会计电算化核算中的结账流程及方法。
- 了解结账后复核的方法。

技能目标

- 在会计电算化环境下,能根据经济业务活动完成账证核对、账账核对、账实核对等工作。
- 能够规范地结出各账户的期末余额。
- 能够熟练掌握会计电算化系统的对账、结账流程。

第一节　做好结账前的准备工作

知识导图

引导案例

某企业将每月的22号自行确定为本企业的结账期，从而推迟了税款的缴纳时间；该企业采用ERP财务业务一体化模式进行期末结账，每月末各子系统结账时间不同，有时导致总账系统无法结账。A、B、C三位同学讨论该企业的财务结账处理是否规范。

A：该企业22号结账属于提前结账，没有严格执行会计和税收法律法规，减少当期收入实现延期纳税，税务部门应对其加收滞纳金。

B：ERP系统中各功能模块之间有着密切的数据传递关系，所以月末结账时必须遵循一定的规则和顺序。

C：造成总账系统无法结账的原因有很多，总账结账前必须确保各子系统业务都入账、结账完成。

思考：我国会计结账的时点有何规定？ERP系统各功能模块期末结账遵循什么顺序？

第一节　做好结账前的准备工作

一、结账概述

（一）结账的概念和分类

1. 结账的概念

结账，具体来讲就是在会计核算中，按照会计分期的基本前提，在将一定时期内所发生的全部经济业务登记入账的基础上，计算和结转各账簿的本月发生额和期末余额，并终止本期的账务处理工作的过程。

会计处理其实是做记账凭证，对于所做的业务都必须先编制记账凭证，月底结账前会将所有的记账凭证上的会计科目、金额过账，结转至明细账，生成明细账、辅助账、科目余额表、总账等各种报表数据。

2. 结账的分类

结账起源于会计四大假设中的会计分期假设。由于分期时长的不同，结账一般划分为月结、季结和年结三类，如图 8-1 所示。

图 8-1 结账的分类

（二）结账的原因

结账是为了阶段性地总结会计核算工作，以便更好地提供一定期间某单位的经济活动情况或预算执行情况及其结果，并在此基础上编制会计报表。正确、及时的结账是贯彻会计的客观性和及时性原则、保证会计信息质量的重要方法之一。

（三）月末结账前需要在总账中计提的会计科目

1. 资产减值损失、坏账准备的计提

计提减值准备时：
借：资产减值损失
　　贷：坏账准备
　　　　月末结转损益
借：本年利润
　　贷：资产减值损失

2. 无形资产、长期待摊费用的摊销

借：管理费用/销售费用
　　贷：长期待摊费用/累计摊销

3. 各项税金的计提

借：本年利润
　　贷：营业税金及附加

4. 所得税费用的计提

借：本年利润
　　贷：所得税费用

（四）结转期间的损益

在一个会计期间结束时，应对营业收入、营业成本、营业外收支、投资收益、税金及附加、管理费用、销售费用、财务费用等所有损益类科目进行结转。

（五）对各个子系统进行结账

对各个系统进行结账的顺序如下。
(1) 供应链：采购系统、销售系统、委外系统、库存系统、存货核算。
(2) 财务会计：应收、应付、固定资产。
(3) 财务会计：总账。

二、对账

（一）对账的概念

对账就是在本期的经济业务登记入账后对各种账簿记录进行核对，一般在月末进行，即在记账后、结账前进行。

（二）对账的内容

对账的主要内容包括账证核对、账账核对、账实核对。

1. 账证核对

账证核对是指将账簿记录同记账凭证及其所附的原始凭证进行核对。虽然会计凭证只有经过审核之后才能被登记到账簿上，但是在实际工作中仍无法排除账证不符的情况。

记账后，单位会计人员要将账簿记录与会计凭证进行核对，具体是核对账簿记录与原始凭证、记账凭证的时间、凭证字号、内容、金额等是否一致，记账方向是否相符。

> **想一想**
> 结账分为月结、季结和年结，那么账证核对应当在哪个过程中进行？

2. 账账核对

账账核对是指核对不同的会计账簿之间账簿记录的数字是否相符，主要包括以下内容。

(1) 总分类账簿之间的核对。该项核对工作通常采用编制总分类账户本期发生额和余额对照表（简称试算平衡表）来完成。计算公式为

$$全部账户的借方期初余额合计=全部账户的贷方期初余额合计$$
$$全部账户的本期借方发生额合计=全部账户的本期贷方发生额合计$$
$$全部账户的借方期末余额合计=全部账户的贷方期末余额合计$$

(2) 总分类账簿与所属明细分类账簿之间的核对。总账账户的发生额和余额与其所属明细账各账户的发生额合计和余额合计应相等。

(3) 总分类账簿与序时账簿之间的核对。企业设置了库存现金日记账和银行存款日记账，库存现金日记账必须每天与库存现金核对并相符，银行存款日记账也必须定期与银行对账。另外，还应检查现金总账和银行存款总账的期末余额与现金日记账和银行存款日记账的期末余额是否相符。

(4) 明细分类账户之间的核对。单位要定期核对会计部门有关实物资产的明细账与财产物资保管部门或使用部门的明细账，检查其余额是否相符。

在用友 ERP-U8 系统中有对账功能，这里的对账是指对会计账簿的数据进行核对，主要是总账与明细账、总账与辅助账数据的核对，即账账核对。具体操作是依次点击"总账—期末—对账"，由系统自动对账。

若对账结果为账账相符，则对账月份的对账结果处显示"正确"；若对账结果为账账不

第八章 财务结账

符,则对账月份的对账结果处显示"错误",按错误提示对账错误信息表,可查看引起账账不符的原因。

3. 账实核对

账实核对是指各种财产、物资、债权债务的账面余额与实存数额的核对,主要包括:①各项财产物资明细账户的账面余额与财产物资的实存数额核对相符;②有关债权债务明细账户的账面余额与对方单位债权债务的账面记录核对相符;③现金日记账的账面余额与现金的实存数额核对相符;④银行存款日记账的账面余额与开户银行对账单余额核对相符。

☞ 想一想

(1) 单位财产物资、债权债务管理上的哪些问题会导致账实不符?
(2) 采取什么方式弥补会计管理层面的漏洞,可以解决账实不符的问题?

三、结账前的检查工作

结账一直是财务部门复杂、技术含量高的工作,结账工作的完成考验着会计人员的职业素养和职业判断。为了能正确、及时地结账,会计人员要重点做好以下准备工作。

(1) 检查应该登记的账项是否全部登记入账。对于本期内发生的经济业务,会计人员需要检查其是否均已取得或填制会计凭证,并据以登记入账。会计人员要注意不得提前或延后结账,即不得把上期已发生的经济业务登记在本期账上,也不得把本期的经济业务登记在下期账上。

(2) 检查该调整的账项是否已经调整。根据权责发生制的原则,那些实行权责发生制的核算单位或有经营项目需计算成本费用的核算单位,将应当归属于本期的收益费用和应该摊销及预提的费用进行整理、计算、入账,为了准确地计算本期的收益,应对计入本期的收入和费用及时进行相关账项的调整。

(3) 检查有关计算成本和财务成果的各账户余额是否结转或分配。在会计核算中,有的账户与另一账户始终保持着固定的、定向的和近期的结转分配关系,如企业的"制造费用"账户向"生产成本"账户结转,"生产成本"账户向"库存商品"账户结转,年终企业损益类各收支账户向"本年利润"账户结转等。

知识拓展

账项调整主要包括以下内容。
(1) 应计收入。企业已经发生且符合收入确认标准,但款项未收而未登记入账的销售商品或提供劳务收入,应当确认为本期收入。
(2) 应计费用。本期已经发生但尚未支付的费用,如应付未付的借款利息等,应当在本期确认为费用。
(3) 收入分摊。对于企业已经收取有关款项,但未完成或未全部完成的销售商品或提供劳务,在期末按本期完成的比例分摊确认本期已实现的收入金额。
(4) 成本分摊。将已经发生且能使若干个会计期间受益的支出,在其在受益的会计期间进行合理分配。例如,对由本期和以后各期负担的预付款项进行分摊。

四、ERP 模式下结账前的注意事项

结账是各单位必须进行的一项期末会计业务,而且各会计期间的结账工作具有很强的规律性,与传统手工会计方式相比,会计电算化方式用计算机代替人工,一方面减少了会计人员的工作量,另一方面提高了单位会计核算的正确性和规范性。

(一)月结前的准备工作

1. 指定专人负责结账工作

因为某月结账后,是不允许再录入或修改当月的会计业务和凭证的,所以会计电算化的期末结账工作应由专人负责,防止由于他人的误操作而带来不必要的麻烦。

2. 确保各子系统业务均处理完毕

结账前,会计人员应检查本月会计工作是否已全部完成,只有完成当月所有的工作,才能进行月末结账。

3. 结账之前应备份账套

若没有备份账套,一旦数据发生错误,将会带来无法挽回的损失。

4. 确保系统中的所有网络用户退出所有的功能模块

因为软件的月末结账功能与系统中其他的功能模块的操作互斥,所以在月末结账前,在网络环境下,所有网络用户应退出其他的功能模块。

> **知识拓展**
>
> 期末会计业务包括银行对账、期末转账业务、试算平衡、对账、结账及期末会计报表的编制等。

(二)年结前的准备工作

年度结账前,企业一般会提前发出通知,提醒各部门及时报销、入账。在会计电算化环境下,年末结账业务可以按照核对凭证、核对账实、核对税务、结平账套、结账复核五个步骤逐步推进,如图 8-2 所示。

图 8-2 年末结账的步骤

1. 核对凭证

核对凭证主要包括两个内容:一是检查会计凭证的真实性、准确性及合法合理性;二是检查电子凭证(财务软件账套中的记账凭证)和纸质凭证的一致性。

对于凭证的真实性、准确性及合法合理性的审查,应关注以下内容。

第八章 财务结账

（1）会计凭证的编号是否连号。电子账套中的凭证号是从"0001"开始而且是连续的，但有时会删除错误的或多余的凭证，这样就出现了空的凭证号。

（2）明细会计科目是否有误。一般来说，如果总账科目（一级会计科目）有误，如资产负债表的不平衡等，很可能会反映在会计报表上。明细科目的错误往往较隐蔽，不易被发现，所以应给予更多关注。

（3）检查原始凭证（也称附件）是否齐全，内容是否合理、合法、合规。

> ☞ **提示**
>
> 对于电子凭证和纸质凭证不一致的问题，其原因主要是手工录入凭证不可避免会出现差错，诸多财务软件中有"反结账"功能。
>
> 会计人员应注意"反结账"功能有利有弊，该功能相当于重新做账，方便掩盖错误。
>
> 传统手工环境下是不可以做"回头账"的，该行为违背了会计存在的意义，即为信息使用者提供真实可靠的会计信息，而且"回头账"容易滋生徇私舞弊现象，导致企业内部控制出现缺陷。

2. 核对账实

核对账实就是核对账面数和实存数是否一致。理论上，企业所有的资产、负债都需要核对，但考虑到成本效益问题，核查重点集中在现金、银行存款、存货及往来款项等项目上。

（1）库存现金清查。实际工作中，会计人员通过实地盘点法来确认库存现金的实有数，然后与库存现金日记账的余额进行核对，并编制库存现金盘点报告单。

> **知识拓展**
>
> 实地盘查法是指在财产物资存放现场逐一清点数量或用计量仪器确定其实存数的一种方法，适用于容易清点或计量的财产物资及现金等货币资金的清查。例如，对原材料、包装物、库存商品、固定资产的清查。

正常情况下，账实应该相符。如果清查过程中出现了长款（盘盈或溢余）或短款（盘亏），会计人员应及时查明原因并进行相应的账务处理。

> ☞ **提示**
>
> 库存现金清查一般由总账或财务主管与出纳一起进行实物盘点，要求出纳人员必须到场。

（2）银行存款清查。银行存款清查是指企业的银行存款日记账与开户银行开出的对账单进行核对。如果二者相符，应该是基本正确的；如果不符，则有两种情况：一是存在未达账项，二是企业或银行的某一方或者双方记账错误。

对于第一种情况，单位可以通过编制银行存款调节表进行调整。若调整后仍然不一致，则可以判定是双方或某一方记账有误，应及时查明原因并进行更正。银行存款余额调节表如表8-1所示。

第一节　做好结账前的准备工作

表 8-1　银行存款余额调节表

开户银行及账号：1234567890　　　　　　　　　　　　　　　　　　　　　　　　单位：元

项目	金额	项目	金额
企业银行存款日记账余额	340 500	银行对账单余额	233 200
加：银行已收、企业未收款		加：企业已收、银行未收款	
29）	60 000.00	31）	150 000.00
28）	3 200.00		
减：银行已付、企业未付款		减：企业已付、银行未付款	
28）	23 000.00	30）	2 500.00
调节后的余额	380 700	调节后的余额	380 700

制表人：×××　　　　　　　　　　　　　　　　　　　　　　　　　　制表时间：2014.10.2

（3）存货清查。为满足正常的生产经营，企业需要持有各种各样的存货，如低值易耗品、原材料、半成品、产成品等。为保证存货的真实完整性，会计人员应对其进行定期或不定期的清查，至少每年一次。对存货的清查采用实地盘点法，盘查过程中要编制存货盘点表。存货盘点表如表 8-2 所示。

表 8-2　存货盘点表

单位名称：（盖章）　　　　　　　存货类型：　　　　　　　　盘点目：

物资名称	计量单位	平均单价	账面应存		实际盘存		盈亏情况		
			数量	金额	数量	金额	盈或亏	数量	金额

通常，企业可以用 Excel 表格制作存货盘点表，若账面数和实盘数不相符，则可能是记账有误，也可能是发生盘盈或盘亏。

☞ **注意**

考虑到成本效益的问题，进行存货清查时很难做到全面盘点。但是企业必须对少量、高价的存货进行清查，以发现管理中存在的漏洞。

（4）往来款项清查。往来款项是指各种债权债务的结算款项，主要包括应收和应付款项、预收和预付款项。根据会计工作规范的要求，在实务中每年年末必须对往来款项进行清查。

知识拓展

《会计基础工作规范》第六十二条规定，各单位应当定期对会计账簿记录的有关数字与库存实物、货币资金、有价证券、往来单位或者个人等进行相互核对，保证账证相符、账账相符、账实相符。

第八章 财务结账

对于单位之间的往来款项,一般采用函证法进行清查,具体可以分为三个步骤:第一,要核对清楚本单位的往来款项,确认总账与明细账的余额相等;第二,向对方单位填发对账单(表8-3);第三,收到对方单位的回执后,据以编制往来款项清查表(表8-4)。如果双方金额不一致,对方单位要在回执中说明,双方应查明原因并进行第二次核对。

表8-3 对账单

发货情况						收款情况		应收款金额	开票情况	
发货日期	送货单号	收货人	数量	单价	金额	收款日期	收款金额		开票日期	开票号码
								0.00		
								0.00		
								0.00		
								0.00		
合计								0.00		

表8-4 往来款项清查表

往来款项对账单 年 月 日										
总分类账户		明细分类账户		清查结果		核对不符单位及原因				近日到期的票据	
名称	金额	名称	金额	相对相符金额	核对不符单位	核对不符单位	未达账项金额	争执款项金额	无法收回	无法支付	应收票据	应付票据
清查人员签章:					记账员签章:					

3. 核对税务

核对税务是指仔细核对纳税申报表的金额,避免出现多交或少交的现象。

第二节 财务结账

一、结账时点问题

结账通常是在期末即月末、季末、年末进行相关业务处理,期末是一个很笼统的概念,企业需要制定严格且适合的制度规范,所以明确结账时点是正确、及时完成结账业务的重要基础。

我国关于结账时点的法律规定,以自然年度和自然月度为会计年度和会计期间,即每年1月1日到12月31日为一个会计年度,每年的12个自然月作为会计期间。

第二节 财务结账

知识拓展

(1) 会计规定。《中华人民共和国会计法》第十一条明确规定："会计年度自公历1月1日起至12月31日止。"

(2) 税法规定。《中华人民共和国企业所得税法》第五十三条第一款规定："企业所得税按纳税年度计算。纳税年度自公历1月1日起至12月31日止。"第五十四条第一款规定："企业所得税分月或者分季缴纳。"

二、结账的方法

结账工作依据会计期间划分为月结、季结和年结。在会计电算化模式下，月结与季结工作一致，而年结有着特定的要求与操作方法。

（一）月结

(1) 日记账和需要按月结计发生额的收入、费用等明细账。结账时，会计人员在本月最后一笔经济业务下面通栏划单红线，结出本月发生额合计和月末余额；在"摘要"栏注明"本月合计"字样，在"借"或"贷"栏写明"借"和"贷"字样，在下面通栏划单红线。银行存款日记账如表 8-5 所示。

表 8-5　银行存款日记账

2007 年		凭证号数	对方科目	摘要	借方	贷方	余额
月	日						
	1			期初余额			10 000.00
	1	银收1	主营业务收入等	销售商品	15 000.00		25 000.00
	1	银收2	应收账款	收到货款	8 000.00		33 000.00
	1	银付1	管理费用	支付报刊费		400.00	32 600.00
				本日合计	23 000.00	400.00	32 600.00
	3	银付2	材料采购	购料		5 000.00	27 600.00
			……				
	29	银收9	主营业务收入等	销售商品	20 000.00		47 600.00
	30			本月合计	43 000	5 400.00	47 600.00

如果本月只发生一笔经济业务，那么这笔经济业务记录的金额就是本月的发生额，结账时只要在此记录下通栏划一单红线，表示与下月的发生额分开即可，不需要另外结出"本月合计"数。如果无余额，应在"借"或"贷"一栏写上"平"，"余额"栏内写上"0"字样，其余同上所述，详见明细分类账（表 8-6）。

第八章 财务结账

表8-6 明细分类账

科目编号：112201　　　　明细账目：南京阳光机械有限公司　　　　总账科目：应收账款

2009年		凭证字号	摘要	借方 亿千百十万千百十元角分	贷方 亿千百十万千百十元角分	借或贷	余额 亿千百十万千百十元角分
月	日						
12	01		期初余额			借	2 3 0 0 0 0 0 0
	08	银收4	收前欠贷款		2 0 0 0 0 0 0 0	借	3 0 0 0 0 0 0

（2）不需要按月结计本期发生额的账户。例如，各项应收应付款明细账和各项财产物资明细账等，每次记账后都要随时结出余额。每月最后一笔经济业务的余额即为月末余额。月末结账时，会计人员只需要在最后一笔经济业务记录下通栏划单红线即可。

应收账款明细账如表8-7所示。

表8-7 应收账款明细账

2007年		凭证号数	摘要	借方	贷方	借或贷	余额
月	日						
11	1		期初余额			借	8 000.00
	15	转3	销售商品	15 000.00		借	23 000.00
	26	银收2	收到货款		10 000.00	借	13 000.00
	28	银收3	收到货款		5 000.00	借	8 000.00

（3）期末没有余额的损益类账户。在加记借贷方发生额、显示双方金额相等后，会计人员在"摘要"栏注明"本月合计"字样，在其下通栏划单红线，表示该账户月底已结平，下月在红线下连续登记。

（4）需要结计本年累计发生额的账户，每月结账时，会计人员应在本月合计行下结出自年初起至本月末止的累计发生额，登记在月份发生额合计下面，在"摘要栏"注明"本年累计"字样，并在下面通栏划单红线。

管理费用明细账如表8-8所示。

表8-8 管理费用明细账

2009年		凭证字号	摘要	借方			
				合计	工资	折旧	其他
月	日			百十万千百十元角分	百十万千百十元角分	百十万千百十元角分	百十万千百十元角分
11	30		本年累计	9 8 6 0 0 0 0 0	7 6 0 0 0 0 0 0	1 9 5 0 0 0 0 0	4 1 0 0 0 0 0
12	18	银付9	支付水电费	4 0 0 0 0 0			4 0 0 0 0 0
	21	转8	领用低值易耗品	5 0 0 0 0			5 0 0 0 0

第二节 财务结账

续表

2009年		凭证字号	摘要	借方 合计		工资		折旧		其他	
月	日			百十万千百十元角分		百十万千百十元角分		百十万千百十元角分		百十万千百十元角分	
	21	转9	分配工资	8 8 0 0 0 0 0		8 8 0 0 0 0 0					
	31	转16	计提折旧	2 0 2 0 0 0 0				2 0 2 0 0 0 0			
	31	转22	摊销租金	2 4 0 0 0 0						2 4 0 0 0 0	
	31	转36	结账费用	1 1 5 1 0 0 0 0		8 8 0 0 0 0 0		2 0 2 0 0 0 0		6 9 0 0 0 0	
			本月合计	1 1 5 1 0 0 0 0		8 8 0 0 0 0 0		2 0 2 0 0 0 0		6 9 0 0 0 0	
			本年累计	1 1 0 1 1 0 0 0 0		8 4 8 0 0 0 0 0		2 1 5 2 0 0 0 0		4 7 9 0 0 0 0	

（5）月末结账的会计分录：

企业在月末结账要进行结转损益，使损益类科目期末无余额。企业月末结转损益的会计分录如下。

①结转收入：

借：主营业务收入
　　其他业务收入
　　营业外收入
　　贷：本年利润

②结转成本、费用：

借：本年利润
　　贷：主营业务成本
　　　　其他业务成本
　　　　营业外支出
　　　　税金及附加
　　　　管理费用

总结上述几点的月结流程图如图8-3所示。

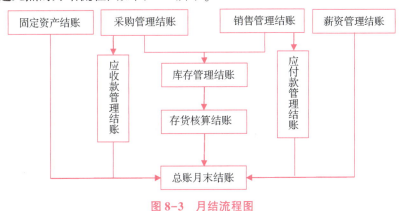

图8-3 月结流程图

第八章 财务结账

(二) 季结

会计人员每季度末将计算出的本季度3个月的发生额合计数写在月结数的下一行内,在"摘要"栏注明"本季累计"字样,并在下面通栏划单红线。

(三) 年结

(1) 年末结转的会计分录。企业在年末结账时要结转损益,收入、成本及费用都要结转到"本年利润"账户,其会计分录与月末结转相似,注意具体结转分录要依据企业的业务活动和所设置的会计科目而定。

企业在年末对本年利润也要结转,本年利润科目主要核算企业当期实现的净利润(或发生的净亏损),年度终了应将本年收入和支出相抵后结出的本年实现的净利润转入"利润分配"科目。如果本年利润的余额在贷方,说明本年企业盈利,要根据具体情况做以下分录。

借:本年利润
　　贷:利润分配——未分配利润

如果年初利润分配在借方,说明以前的年度企业亏损,用本年度结转的利润弥补,弥补后余额仍在借方说明还有亏损留待以后年度弥补。如果结转本年利润后利润分配余额在贷方,会计分录如下。

①按净利润的10%计提法定盈余公积金:

借:利润分配——未分配利润
　　贷:盈余公积

②根据公司情况决定是否计提任意盈余公积:

借:利润分配——未分配利润
　　贷:盈余公积

如果本年利润账户为借方余额,表明本年度经营结果为亏损,则将期末余额直接结转至"利润分配"账户,留待以后年度弥补。

(2) 月末已经结记"本年累计发生额"账户,12月末的本年累计就是全年累计发生额,在其下面通栏划双红线表示封账。具体的年结划线方法如表8-9所示。

表8-9　12月银行存款日记账

2007年		凭证号数	对方科目	摘要	借方	贷方	余额
月	日						
12	1			期初余额			10 000.00
	1	银收1	主营业务收入等	销售商品	15 000.00		25 000.00
	1	银收2	应收账款	收到货款	8 000.00		33 000.00
	1	银付1	管理费用	支付报刊费		400.00	32 600.00
				本日合计	23 000.00	400.00	32 600.00
	3	银付2	材料采购	购料		5 000.00	27 600.00
			……				
	29	银收9	主营业务收入等	销售商品	20 000.00		47 600.00

第二节 财务结账

续表

2007年		凭证号数	对方科目	摘要	借方	贷方	余额
月	日						
	30			本月合计	43 000.00	5 400.00	47 600.00
				本年合计	98 000.00	75 000.00	32 000.00
				结转下年			

（3）平时只需结计本月合计的账户。年终对账时，会计人员要在12月末本月合计行下结出全年发生额合计和年末余额，在"摘要"栏内注明"本年合计"字样，在合计数下通栏划双红线表示封账。具体如表8-10所示。

表8-10 总分类账

会计科目及编号：6602 管理费用

2009年		凭证字号	摘要	借方		贷方		借或贷	余额	
月	日			亿千百十万千百十元角分	√	亿千百十万千百十元角分	√		亿千百十万千百十元角分	
11	30		本年累计	9 8 6 0 0 0 0 0		9 8 6 0 0 0 0 0		平		
12	31		本月累计	9 1 5 1 0 0 0 0		1 1 5 1 0 0 0 0		平		
			本月累计	1 1 5 1 0 0 0 0		1 1 5 1 0 0 0 0				
			本年累计	1 1 0 1 1 0 0 0 0		1 1 0 1 1 0 0 0 0				

（4）年结后有余额的账户。会计人员要将其余额结转至下年，并在"摘要"栏注明"结转下年"字样。会计人员在下一会计年度新建的有关会计账簿的第一行"余额"栏内填写上年结转的余额，并在"摘要栏"注明"上年结转"字样。具体年结方法如2019年12月银行存款日记账（表8-11）、2010年1月银行存款日记账（表8-12）。

表8-11 银行存款日记账

开户银行：中国工商银行鼓楼支行

账 号：0681802111999

2009年		凭证字号	银行凭证	摘要	对方科目	借方	贷方	借或贷	余额	√
月	日					亿千百十万千百十元角分	亿千百十万千百十元角分		亿千百十万千百十元角分	
12	01			期初余额				借	3 1 6 7 0 0 0 0	
	07	银付3	支2011	提现备用	库存现金		3 0 0 0 0 0	借	3 1 3 7 0 0 0 0	
	08	银收4	支票	收到前欠货款	应收账款	2 0 0 0 0 0 0		借	5 1 3 7 0 0 0 0	
	18	银付9	托收	支付水电费	制造费用等		3 2 0 0 0 0	借	4 8 1 7 0 0 0 0	
	21	银付11	支2027	提现备发工资	库存现金		3 8 4 0 0 0 0	借	9 7 7 0 0 0 0	
				本月合计		2 0 0 0 0 0 0	4 1 9 0 0 0 0			
				结转下年						

第八章　财务结账

表 8-12　银行存款日记账

开户银行：中国工商银行鼓楼支行
账　　号：0681802111999

2010年		凭证字号	银行凭证	摘要	对方科目	借方 亿千百十万千百十元角分	贷方 亿千百十万千百十元角分	借或贷	余额 亿千百十万千百十元角分	√
月	日									
1	01			上年结转				借	9 7 7 0 0 0 0	

（四）结账与转页

结账与转页两者密切相关，手工做账时一页写不下常常要转下页。为了使两者配合一致及规范会计人员的做账方式，下面将对期末结账时的转页进行详细的介绍。

结账时，凡是需要结计本月发生额的账户，转页时也应结计自本月初起自本页末止的发生额合计数"过次页""承前页"。凡是需要结计本年累计发生额的账户，转页时也应结计自年初起自本页末止的累计发生额"过次页""承前页"。凡是既不需要结计本月发生额也不需要结计本年累计发生额的，转页时借贷发生额栏空白，只按月末最后一笔经济业务的余额"过次页""承前页"。

> **知识拓展**
>
> 根据《会计基础工作规范》第六十条规定：对需要结计本月发生额的账户，结计"过次页"的本页合计数应当为自本月初起至本页末止的发生额合计数；对需要结计本年累计发生额的账户，结计"过次页"的本页合计数应当为自年初起至本月末止的累计数；对既不需要结计本月发生额也不需要结计本年累计发生额的账户，可以只将每页末的余额结转次页。

第三节　结账后的检查工作

一、结账复核

结账复核方法分为两类：会计出身一般用详查法，审计出身一般用分析性复核法。结账复核的目的在于规范化结账流程，减少人为结账遗漏。

（一）详查法

（1）结账核查表月处理流程。在总账完成以上结账分录的同时填列，财务经理按结账核查表对系统中的凭证进行复核，并逐项检查有无遗漏和数据的合理性。核对完成，财务经理签字通过，完成系统结账工作，结束本周期的账务处理。此表应装订入会计凭证，方便审计和内部稽查。

（2）结账核查表编制方法。一般在年未制定下年预算的同时按企业实际进行编制。会计人员应在每季度对项目进行检查调整，以便与实际情况相符。

知识拓展

> 详查法就是对会计资料进行逐笔逐项检查，实务中一般采取多人交叉检查法。检查记账凭证时，会计人员应对纸质凭证和相应的原始凭证（如发票、审批单）同时进行审核，这样更容易发现问题。

（二）分析性复核法

使用详查法的工作量太大，如果没有足够的人力、物力做保障，可以采用分析性复核法进行复核。分析性复核法是指审计人员对被审计单位重要的金额、比率或趋势进行比较和分析，并对异常项目和异常变动予以关注的审计方法。分析性复核法本来是一种重要的、专门的审计方法，但由于其简单、易行、有效，已经成为各单位常用的一种复核方法。

例如，资产负债表和损益表分析法，即将本期的某些报表项目的数据与上期或历史同期的数据进行比较，对差异大的项目做进一步分析和处理；又如，毛利率分析法，即公司整体的毛利率水平大致是保持平稳的，若当年的毛利率水平和以往有很大出入，很可能是遗漏了某些成本费用的结转，应核查相关账目并做出相应的处理。

二、错账更正

手工录入凭证时不可避免会出现错误，对于凭证错误的更正分为以下三种情况。

（1）当月发现当月的错误，即结账前发现的错误。对于财务软件来说，这种情况很容易解决，只需执行"反记账""反审核"命令后，再修改即可。如果已经打印出纸质的会计凭证，还要把修改后的记账凭证打印出来并进行替换。

（2）发现跨月的错误，即当月发现了以前月份的错误。如果错误不影响会计报表，可以与财务负责人商量，执行"反结账"（一般只有财务负责人才有"反结账"的权限）"反记账""反审核"命令后，进行修改即可。

反结账具体操作：进入总账系统，单击"结账"，选择需要取消结账的一个月份，输入账套主管密码。

注意，如果错误影响了会计报表的结果，应该使用红字冲销法进行修改，具体做法是填制一张和错误凭证内容完全一样的"红字"凭证，然后录入一张准确无误的凭证。

（3）发现跨年的错误，并影响了以前年度的利润。如果影响不大，可以视同跨月错误，使用红字冲销法进行更正；如果涉及的金额较大，应通过"以前年度损益调整"科目调整年初数。

第九章

编制财务报表

知识目标

- 了解明细账、总账、科目余额表的概念。
- 了解明细账、总账的格式分类及其所适用的情况。
- 了解明细账、总账及科目余额表的区别和联系。
- 了解资产负债表、利润表、现金流量表、所有者权益变动表的概念，熟悉其报表结构。

技能目标

- 学会明细账、总账及科目余额表的登记方法。
- 能够通过科目余额表编制资产负债表、利润表、所有者权益变动表。
- 能够通过编制凭证时指定的相关现金流量项目来编制现金流量表。
- 学会核查资产负债表及现金流量表的明细差错。

第一节 明细账、总账和科目余额表

知识导图

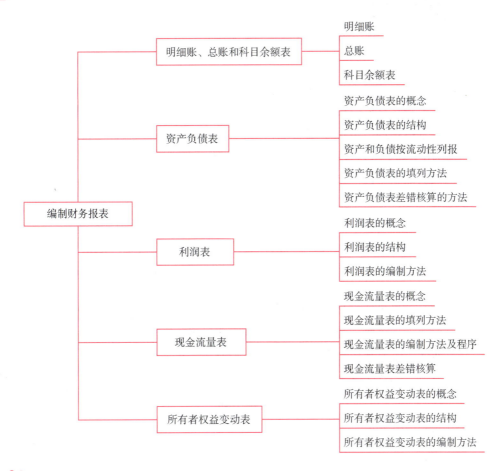

引导案例

A公司成立于2019年11月，其直接股东为张三、李四，实际经营管理人员为张三。2020年1月初，李四想了解公司的运营情况，向公司财务人员提出查看A公司的财务报表。

思考：公司财务人员应提供哪些财务报表给李四？财务报表编制的方法如何？

第一节 明细账、总账和科目余额表

在学习财务报表前，我们首先需要对明细账、总账及科目余额表进行认识，进而根据明细账、总账和科目余额表对财务报表进行填列。

第九章 编制财务报表

一、明细账

(一) 明细账的概念

明细账又称明细分类账,登记的是总账的各类下级科目,起到对总账进行补充和详细说明的作用。

(二) 明细账的结构

明细账常见的格式有三栏式、数量金额式、多栏式。三栏式明细账(图9-1)与总账的三栏式账页格式基本相同,适用于应收应付等只进行金额核算的项目。数量金额式明细账(图9-2)则适用于既要进行金额明细核算,又要进行数量明细核算的存货项目,如原材料明细账。多栏式明细账(图9-3)适用于收入、费用、生产成本等科目的明细核算,如应交税金(增值税)明细账。

在科目设置上,明细账为二级及二级以上科目,如"应收账款——张三""管理费用——办公费""应交税费——应交增值税(销项税额)"。会计人员通过明细账可以看到某项经济业务的对象、性质等详细信息。明细账科目的名称可以根据会计制度的规定,结合企业的具体情况来决定。

在管理上,由于记账人员的分工不同,明细账的账页会经常被抽调,因此为了方便管理,企业多采用活页式账簿,在使用过程中将其按顺序编号并装订成册。随着信息技术的发展,大多数企业已采用财务软件进行账务处理,账簿也由纸制账簿升级为电子账簿。年末终了后,会计人员可自行打印电子账簿,同时保存纸制账簿和电子账簿。

明细分类账

第号_____ 总页_____
科目_____ 子目_____ 细目_____ 分页_____

年		凭证字号	摘要	借方 千百十万千百十元角分	√	贷方 千百十万千百十元角分	√	借或贷	余额 千百十万千百十元角分	√
月	日									

图9-1 三栏式明细账

第一节 明细账、总账和科目余额表

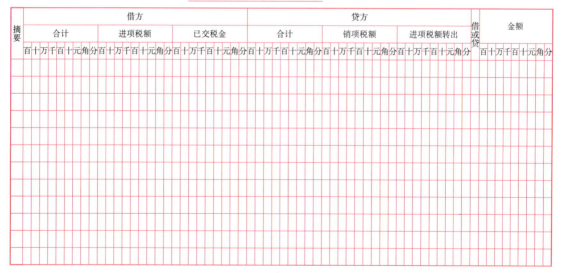

图 9-2 数量金额式明细账

图 9-3 多栏式明细账

(三) 明细账的登记方法

明细账可以通过原始凭证直接登记,也可以根据记账凭证进行登记。对于发生频率较高的明细账,如库存商品、原材料、收入和费用等明细账可以逐笔登记,也可以定期汇总登记,但对于固定资产、现金日记账、银行存款日记账等明细账则需要逐日逐笔登记。每月结

第九章　编制财务报表

束后，会计人员要在明细账"摘要"栏空行处盖"本月合计"章，表示本月结束，并汇总合计借贷方余额，将结出的余额填写在"本月结转"行中，最后完成时要在"本月合计"的通栏下划单红线。

在运用财务软件进行会计核算的企业中，会计人员登记账簿的工作量大大缩减，通常只需单击"记账"，即可对已审核的会计凭证由系统自动记账，使会计人员从烦琐的登账工作中彻底解放出来。

二、总账

（一）总账的概念

总账又称总分类账，是明细分类账的综合，也是编制财务报表的主要依据，包含企业全部的经济业务。

（二）总账的结构

总账常见的格式主要有双栏式、多栏式、三栏式等，其中，双栏式总账仅适用于期末没有余额的过渡型账户；多栏式总账又被叫作日记总账，常用于物资采购明细分类核算、营业外支出明细分类核算、生产成本明细分类核算、产品销售收入及费用类明细分类核算等；三栏式总账（图9-4）是指采用"借方""贷方""余额"三栏式账页的总分类账。目前企业多采用三栏式。

总账

会计科目编号及名称＿＿＿＿＿＿＿＿＿

年		记账凭证号数	摘要	页数	借方									贷方									借或贷	余额								
月	日				百	十	万	千	百	十	元	角	分	百	十	万	千	百	十	元	角	分		百	十	万	千	百	十	元	角	分

图9-4　三栏式总账

在科目设置上，总账为一级科目，如"其他应收款""其他应付款""应付账款""应交税费""财务费用"等，它对所属的各明细账起到总领的作用。

在管理上，为了保证总账记录的安全完整，总账多为订本式账簿。如果企业实行了会计电算化，则要保证使用计算机打印的总账编号是连续的，在装订成册前要进行审核，并由企业的记账人、会计机构负责人与主管人员进行签字盖章。

(三) 总账的登记方法

科目汇总表指的是根据记账凭证编写的，列示各会计科目借方发生额和贷方发生额的汇总表。科目汇总表的作用是对于记录的账务进行试算平衡，从而确保账务处理的正确性。

总账有两种登记方法，第一种是直接根据记账凭证逐笔登记，但这种方法会加大记账工作的任务量，一般规模小且业务量少的企业会采取这种方式；第二种是根据记账凭证定期编制科目汇总表，然后根据科目汇总表或汇总记账凭证来登记总账，一方面减少了记账的工作量，另一方面提高了记账工作的质量。

三、科目余额表

(一) 科目余额表的概念

科目余额表（表9-1）是具有期初余额、本期发生额和期末余额等项目的汇总表，其余额根据总账一级科目填写，反映的是各科目的余额情况。根据科目余额表，我们可以更方便地编制财务报表。科目余额表编制的时间节点为本月记账凭证全部结转处理结束之后。

表9-1 科目余额表

科目名称	期初余额		本期发生		期末余额	
	借方	贷方	借方	贷方	借方	贷方
现金						
银行存款						
应收账款						

(二) 科目余额表的编制方法

（1）期初借贷方发生额根据上期科目余额表期末余额抄写填列。

（2）本期借贷方发生额可以根据本期记账凭证汇总得出。

（3）期末余额按照以下方法填写。

①资产类科目：期末借方余额=期初借方余额+本期借方发生额–本期贷方发生额。

②负债及所有者权益类科目：期末贷方余额=期初贷方余额+本期贷方发生额–本期借方发生额。

第二节 资产负债表

一、资产负债表的概念

资产负债表指的是反映企业在某一特定时期的财务状况的财务报表。资产负债表是根据资产=负债+所有者权益这一会计等式编制的。

二、资产负债表的结构

资产负债表（表9-2）包括资产、负债和所有者权益。资产和负债均按照流动性由高到低进行列报，列示了资产、负债和所有者权益所有一级科目的年初数及年末数。资产负债表表头列明报表名称、编制单位名称、编制日期和金额计量单位，表尾补充说明。

表 9-2 资产负债表

编制单位：　　　　　　　　　　　　　　___年___月　　　　　　　　　　　　　会企01表
单位：元

资产	行次	期末余额	年初余额	负债及所有者权益	行次	期末余额	年初余额
流动资产：				流动负债：			
货币资金	1			短期借款	32		
以公允价值计量且其变动计入当期损益的金额资产	2			以公允价值计量且其变动计入当期损益的金融负债	33		
应收票据	3			应付票据	34		
应收账款	4			应付账款	35		
预付款项	5			预收款项	36		
应收利息	6			应付职工薪酬	37		
应收股利	7			应交税费	38		
其他应收款	8			应付利息	39		
存货	9			应付股利	40		
持有待售资产年内到期的非流动资产	10			其他应付款持有待售负债	41		
其他流动资产	11			一年内到期的非流动负债	42		
流动资产合计	12			其他流动负债	43		
				流动负债合计	44		
非流动资产：				非流动负债：			
可供出售金融资产	13			长期借款	45		
持有至到期投资	14			应付债券	46		
长期应收款	15			长期应付款	47		

第二节 资产负债表

续表

资产	行次	期末余额	年初余额	负债及所有者权益	行次	期末余额	年初余额
长期股权投资	16			专项应付款	48		
投资性房地产	17			预计负债	49		
固定资产	18			递延所得税负债	50		
工程物资	19			其他非流动负债	51		
在建工程	20			非流动负债合计	52		
固定资产清理	21			负债合计	53		
生产性生物资产	22			所有者权益（或股东权益）：			
油气资产	23			实收资本（或股本）	54		
无形资产	24			资本公积	55		
开发支出	25			减：库存股	56		
商誉	26			其他综合收益	57		
长期待摊费用	27			专项储备	58		
递延所得税资产	28			盈余公积	59		
其他非流动资产	29			未分配利润	60		
非流动资产合计	30			所有者权益（或股东权益）合计	61		
资产总计	31			负债及所有者权益总计	62		

单位负责人： 主管会计工作负责人： 会计机构负责人：

三、资产和负债按流动性列报

资产按流动性可以划分为流动资产和非流动资产，负债按流动性同样可以划分为流动负债和非流动负债。

流动资产包括货币资金、交易性金融资产、存货、预付款项、应收账款、其他应收款、应收利息等。

非流动资产包括固定资产、无形资产、长期股权投资、在建工程等。

流动负债包括短期借款、应付账款、应付利息、预收账款、应付职工薪酬、应交税费。

非流动负债包括长期借款、应付债券、长期应付款等。

四、资产负债表的填列方法

资产负债表和科目余额表有着对应关系，所以我们可以根据科目余额表的期初期末余额直接填列，但有些科目不能直接抄写填列或者没有对应一致的科目，因此需要做出调整。

首先，找到去年年末的资产负债表或科目余额表，将其所有的期末余额数分别对应填列至本年资产负债表的"年初余额"中。

资产负债表的"期末余额"是分别按照以下依据来填报的，其中第2~5项是只有经过

第九章　编制财务报表

计算才能填列的科目，第 6 项列举了常见的资产负债表项目填报说明。

1. 根据总账科目余额直接填列

交易性金融资产、短期借款、应付票据、应付利息、其他应付款、工程物资、递延收益、实收资本、其他权益工具、其他综合收益、盈余公积等，都是根据其对应的总账科目余额在资产负债表上的"期末余额"直接填写的。

2. 根据多个总账科目的期末余额计算填列

例如，"货币资金"科目需要根据"库存现金""银行存款""其他货币资金"这三个总账科目的余额的合计数来填列。

3. 根据明细账科目余额计算填列

例如，"应收账款"项目，应根据"应收账款""预收账款"两个科目所属的有关明细科目的期末借方余额扣除对应的坏账准备后计算填列；"应付账款"项目，应根据"应付账款""预付账款"科目所属的相关明细科目的期末贷方余额计算填列。

4. 根据总账科目和明细科目余额相结合计算填列

例如，"长期借款"科目，应根据"长期借款"总账科目的期末余额，扣除"长期借款"科目所属明细科目中反映的、将于一年内到期的长期借款部分，得到长期借款的资产负债表期末余额。

5. 根据科目余额减去其备抵科目后的净额填列

例如，"长期股权投资"科目的资产负债表期末余额是根据"长期股权投资"科目期末余额减去"长期股权投资减值准备"科目余额的净额计算列报的。"固定资产""无形资产"分别需要减去"固定资产减值准备""无形资产减值准备"，以净额的形式在资产负债表的期末余额中列报。

6. 资产项目填报方法的详细说明

(1)"货币资金"项目：应根据"库存现金""银行存款""其他货币资金"科目期末余额的合计数填列。"其他货币资金"的期末金额是外埠存款、银行汇票存款、银行本票存款、银行存款、信用证保证金存款等的期末余额合计数。

(2)"交易性金融资产"项目：应根据"交易性金融资产"科目的期末余额填列。

(3)"应收票据"项目：应根据"应收票据"科目的期末余额填列（如果有相应的坏账准备，还应该减去其坏账准备的余额）。其中，已贴现的商业承兑汇票，应在会计报表附注中单独披露。

(4)"应收股利"项目：应根据"应收股利"科目的期末余额填列。

(5)"应收利息"项目：应根据"应收利息"科目的期末余额填列。

(6)"应收账款"项目：应根据"应收账款""预收账款"科目所属各明细科目的期末借方余额合计，减去"坏账准备"科目中有关应收账款计提的坏账准备期末余额后的金额填列。

(7)"其他应收款"项目：应根据"其他应收款"科目的期末余额，减去"坏账准备"科目中有关其他应收款计提的坏账准备期末余额后的金额填列。

(8)"预付账款"项目：应根据"预付账款""应付账款"科目所属各明细科目的期末借方余额合计数填列。

(9)"存货"项目：存货=材料采购+在途物资+原材料+库存商品+周转材料+生产成本+制造费用+发出商品等-存货跌价准备。

(10)"其他流动资产"项目：反映企业除以上流动资产项目外的其他流动资产的状况。本项目应根据有关科目的期末余额填列。如果其他流动资产的价值较大，应在会计报表附注中披露其内容和金额。

(11)"长期应收款"项目，应根据"长期应收款"科目余额，扣除一年内（含一年）到期的长期应收款和相应的坏账准备后的金额填列。

(12)"长期股权投资"项目：应根据"长期股权投资"科目的期末余额，减去"长期投资减值准备"科目中有关长期股权投资减值准备期末余额后的金额填列。

(13)"固定资产"项目：应根据"固定资产"科目的期末余额，减去"累计折旧""固定资产减值准备"等备抵科目的余额后的金额填列。

(14)"在建工程"项目：应根据"在建工程"科目的期末余额，减去"在建工程减值准备"科目期末余额后的金额填列。

(15)"工程物资"项目：应根据"工程物资"科目的期末余额填列。

(16)"固定资产清理"项目：应根据"固定资产清理"科目的期末借方余额填列。如果"固定资产清理"科目期末为贷方余额，以"-"号填列。

(17)"无形资产"项目：应根据"无形资产"科目的期末余额，减去"累计摊销""无形资产减值准备"科目的期末余额后的金额填列。

7. 负债项目的填列方法

(1)"短期借款"项目：应根据"短期借款"科目的期末余额填列。

(2)"应付票据"项目：应根据"应付票据"科目的期末余额填列。

(3)"应付账款"项目：应根据"应付账款""预付账款"科目所属各明细科目的期末贷方余额合计数填列。

(4)"预收账款"项目：应根据"预收账款""应收账款"科目所属的各明细科目的期末贷方余额合计数填列。

(5)"应付职工薪酬"项目：应根据"应付职工薪酬"科目的期末余额填列。如果"应付职工薪酬"科目期末为借方余额，应以"-"号填列。

(6)"应交税费"项目：应根据"应交税费"科目的期末贷方余额填列。如果"应交税费"科目期末为借方余额，应以"-"号填列。

（7）"应付利息"项目：应根据"应付利息"科目的期末余额填列。

（8）"应付股利"项目：应根据"应付股利"科目的期末余额填列。

（9）"其他应付款"项目：应根据"其他应付款"科目的期末余额填列。

（10）"其他流动负债"项目：应根据有关科目的期末余额填列。如果其他流动负债价值较大，应在会计报表附注中披露其内容和金额。

（11）"长期借款"项目：应根据"长期借款"科目扣除将于一年内（含一年）到期的长期借款后的余额填列。

（12）"应付债券"项目：应根据"应付债券"科目扣除将于一年内（含一年）到期的应付债券后的余额填列。

（13）非流动负债中将于一年内（含一年）到期的项目：应在"一年内到期的非流动负债"项目内单独反映。

8. 所有者权益项目的填列方法

（1）"实收资本（或股本）"项目：应根据"实收资本"（或"股本"）科目的期末余额填列。

（2）"资本公积"项目：应根据"资本公积"科目的期末余额填列。

（3）"盈余公积"项目：应根据"盈余公积"科目的期末余额填列。

（4）"未分配利润"项目：应根据"本年利润"科目和"利润分配——未分配利润"科目的余额计算填列。未弥补的亏损在本项目内以"-"号填列。

五、资产负债表差错核算的方法

当填表后发现资产负债表不平时，我们可以通过以下方法来找到明显的差错。

（1）检查科目余额表借贷方发生额的余额合计是否平衡，即期初余额+本期增加额-本期减少额=期末余额。如果平衡，再检查资产=负债+所有者权益的恒等式。如果不等，则检查是否存在编制会计分录后未把经济业务记入账户的项目，是否存在未转损益的项目。

（2）检查总账的会计科目和明细账科目的余额是否相等，是否存在登记总账时科目借贷方填反、金额填错、遗漏等问题，涉及需根据明细账计算填报的科目时，要检查明细账是否存在科目借贷方填反、金额填错等问题。

（3）检查资产负债表中是否漏填会计科目，是否存在增加了一级科目，但未在报表上做出调整的情况。

（4）检查资产负债表的编制方法是否符合规定。

第三节 利润表

一、利润表的概念

利润表是反映企业在一定期间内经营成果的财务报表。

二、利润表的结构

利润表有单步式与多步式两种，常用的为多步式结构。多步式利润表（表9-3）能够清晰地反映企业的营业利润、利润总额、净利润、每股收益等情况，有利于投资者判断企业利润的来源。多步式利润表的表头列明了报表名称、编制单位名称、编制期间和金额计量单位，表身为构成利润的具体项目，表尾补充说明。

表9-3　多步式利润表

编制单位：　　　　　　　　　　　　　　　　___年___月　　　　　　　　　　　单位：元　币种：人民币

项目	本期发生额	上期发生额
一、营业收入		
减：营业成本		
税金及附加		
销售费用		
管理费用		
财务费用		
资产减值损失		
加：公允价值变动收益（损失以"－"号填列）		
投资收益（损失以"－"号填列）		
其中：对联营企业和合营企业的投资收益		
资产处置收益（损失以"－"号填列）		
其他收益		
二、营业利润（亏损以"－"号填列）		
加：营业外收入		
其中：非流动资产处置利得		
减：营业外支出		
其中：非流动资产处置损失		
三、利润总额（亏损总额以"－"号填列）		
减：所得税费用		

第九章 编制财务报表

续表

项目	本期发生额	上期发生额
四、净利润（净亏损以"-"号填列）		
（一）持续经营净利润（净亏损以"-"号填列）		
（二）终止经营净利润（净亏损以"-"号填列）		
五、其他综合收益的税后净额		
（一）不能重分类进损益的其他综合收益		
1. 重新计量设定受益计划变动额		
2. 权益法下不能转损益的其他综合收益		
3. 其他权益工具投资公允价值变动		
4. 企业自身信用风险公允价值变动		
……		
（二）将重分类进损益的其他综合收益		
1. 权益法下可转损益的其他综合收益		
2. 其他债权投资公允价值变动		
3. 金融资产重分类计入其他综合收益的金额		
4. 其他债权投资信用减值准备		
5. 现金流量套期储备		
6. 外币财务报表折算差额		
……		
六、综合收益总额		
七、每股收益：		
（一）基本每股收益（元/股）		
（二）稀释每股收益（元/股）		

三、利润表的编制方法

利润表是根据余额汇总表的损益类科目的本期发生额来编制的。编制利润表的总原则是根据科目余额表的当期贷方发生额，编制利润表的收入类的当期金额；根据科目余额表的当期借方发生额，编制利润表的费用类的当期金额。

（1）营业收入=主营业务收入发生额+其他业务收入发生额。如果发生借方销售退回等事项，则要按照实际发生销售退回的金额抵减本期的销售收入，按营业收入净额填列本项目。

（2）营业成本=主营业务成本发生额+其他业务成本发生额。如果发生贷方销售退回等事项，则要按照实际发生的销售退回的金额抵减本期的成本，按照营业成本净额填列本项目。

（3）"税金及附加"项目：应根据"税金及附加"科目的发生额填列。根据《企业会计准则》,"营业税金及附加"项目已更改为"税金及附加"项目。

(4)"销售费用""管理费用""财务费用"项目：应分别根据"销售费用""管理费用""财务费用"科目的发生额填列。

(5)"资产减值损失"项目：应根据"资产减值损失"科目的发生额填列。

(6)"公允价值变动损益"项目：应根据"公允价值变动损益"科目的发生额填列，如果是贷方发生额就加上，如果是借方发生额就减去。

(7)"投资收益"项目：应根据"投资收益"科目的发生额填列。如果为投资净损失，本项目用"-"号填列。

(8)营业利润=营业收入-营业成本-税金及附加-销售费用-管理费用-财务费用-资产减值损失±公允价值变动收益（损失）±投资收益（损失）±资产处置收益（损失）+其他收益。

(9)"营业外收入""营业外支出"项目：分别根据"营业外收入""营业外支出"科目的发生额填列。

(10)利润总额=营业利润+营业外收入-营业外支出。

(11)"所得税费用"项目：应根据"所得税费用"科目的余额填列。

(12)净利润=利润总额-所得税费用。

(13)"其他综合收益的税后净额"项目：反映了企业根据《企业会计准则》规定未在损益中确认的各项利得和损失扣除所得税影响后的净额。

(14)"综合收益总额"项目：反映了企业净利润与其他综合收益的税后净额的合计金额。

第四节　现金流量表

一、现金流量表的概念

现金流量表是反映企业在一定会计期间的现金和现金等价物流入及流出的报表。现金是指可以随时用于支付的存款或库存现金，现金等价物是指持有期限短（一般指从购买日起3个月内到期）、流动性强的投资。

二、现金流量表的填列方法

通过现金流量表（表9-4）可以看到，现金流量表的内容构成主要包括三大类：经营活动产生的现金流量、投资活动产生的现金流量和筹资活动产生的现金流量。

表 9-4 现金流量表

编制单位：　　　　　　　　　　　　　　　年　　月　　　　　　　　　　　　　　　　单位：元

项目	本期金额	上期金额
一、经营活动产生的现金流量：		
销售商品、提供劳务收到的现金		
收到的税费返还		
收到其他与经营活动有关的现金		
经营活动现金流入小计		
购买商品、接受劳务支付的现金		
支付给职工及为职工支付的现金		
支付的各项税费		
支付其他与经营活动有关的现金		
经营活动现金流出小计		
经营活动产生的现金流量净额		
二、投资活动产生的现金流量：		
收回投资收到的现金		
取得投资收益收到的现金		
处置固定资产、无形资产和其他长期资产收回的现金净额		
处置子公司及其他营业单位收到的现金净额		
收到其他与投资活动有关的现金		
投资活动现金流入小计		
购建固定资产、无形资产和其他长期资产支付的现金		
投资支付的现金		
取得子公司及其他营业单位支付的现金净额		
支付其他与投资活动有关的现金		
投资活动现金流出小计		
投资活动产生的现金流量净额		
三、筹资活动产生的现金流量：		
吸收投资收到的现金		
取得借款收到的现金		
收到其他与筹资活动有关的现金		
筹资活动现金流入小计		
偿还债务支付的现金		
分配股利、利润或偿付利息支付的现金		
支付其他与筹资活动有关的现金		
筹资活动现金流出小计		
筹资活动产生的现金流量净额		

续表

项目	本期金额	上期金额
四、汇率变动对现金及现金等价物的影响		
五、现金及现金等价物净增加额		
加：期初现金及现金等价物余额		
六、期末现金及现金等价物余额		

1. 经营活动产生的现金流量

经营活动产生的现金流量包括以下几种。

（1）销售商品、提供劳务收到的现金：前期与本期销售的商品和劳务在本期收到的现金、本期预收的商品款和劳务款等（按照权责发生制原则确定）。

（2）收到的税费返还：收到的增值税、所得税、消费税、教育费附加返还款等。

（3）收到的其他与经营活动有关的现金：罚款收入、固定资产经营租赁的租金收入、投资性房地产租金收入等。

（4）购买商品、接受劳务支付的现金：前期与本期购买的商品和劳务在本期支付的现金、本期预付的商品款和劳务款等（按照权责发生制原则确定）。

（5）支付给职工及为职工支付的现金：应付职工的工资薪金等。

（6）支付的各项税费。

（7）支付其他与经营活动有关的现金：罚款收入、差旅费、业务招待费、保险费等。

其中，（1）～（3）项为现金流入，（4）～（7）项为现金流出。

由于经营活动产生的现金流量占了一般企业现金流量的绝大多数，因此为了方便记忆，我们可以理解为，除了投资活动、筹资活动产生的现金流量，其他所有交易事项均为经营活动产生的现金流量。

2. 投资活动产生的现金流量

投资活动产生的现金流量主要包括以下内容。

（1）购买建造处置固定资产、无形资产、其他长期资产；子公司、联营合营企业。

（2）取得和收回投资，取得投资收益。

需要注意的是，为构建固定资产、无形资产而发生的借款利息资本化部分在"分配股利、利润或偿付利息支付的现金"项目中反映，融资租入固定资产所支付的租赁费在"支付其他与筹资活动有关的现金"项目中反映。这两种情况都属于筹资活动产生的现金流量。

3. 筹资活动产生的现金流量

筹资活动产生的现金流量包括企业分派现金股利、发行股票和接受投入资本、取得和偿还银行借款、支付和发行公司债券等，是由于"筹资"这个目的而导致的现金流入或流出。

三、现金流量表的编制方法及程序

企业可以根据自身业务量的大小及业务流程的复杂程度选择采用工作底稿法、T型账户法，或者通过录入凭证时指定现金流量来编制现金流量表。通过录入凭证时指定现金流量来编制现金流量表具有操作简便、便于理解的特点。下面将以金蝶操作系统为例介绍通过这种

第九章 编制财务报表

方法编制现金流量表的流程。

首先，我们要知道，只有现金类科目才会影响现金流量，从会计科目的属性表中可以看到，只有"现金""银行存款""现金等价物"等会计科目才是我们需要指定的对象。

四、现金流量表差错核算

现金流量表不平指的是经营活动现金净流量、投资活动现金净流量、筹资活动净流量、汇率变动对现金及现金等价物的影响额之和不等于现金及现金等价物净增加额。

（1）通过财务报表的勾稽关系判断现金流量表的填列是否正确、合理。

①现金及现金等价物净增加额与资产负债表的货币资金期初期末的差额相等。

②经营活动产生的现金流量净额主表和附表一致。

③净利润与利润表中的净利润一致。

④利润表中的净销货额－资产负债表中的应收科目增加额+预收科目增加额=现金流量表中的销售商品、提供劳务收到的现金。

（2）不同的 ERP 系统的现金流量的基础设置方法、流量指定方法在操作上存在差异，如果本期现金流量净额存在问题，可以尝试从以下几个方面检查。

①查看"基础资料—会计科目右上角'维护现金流项目'"中是否维护了相关会计科目的现金流量流入流出项目。

②检查"账务处理—现金流量分配"功能项下的凭证是否进行了现金流量分配，分配是否正确。

③检查"系统维护—期初设置—现金流初始数据"中维护的现金流是否正确。

④尝试使用重新自动分配现金流量功能重新对现金流进行分配，操作方法为"账务处理—现金流量分配"，单击"重新自动分配现金流量"按钮即可。

需要注意的是，第四项的功能将对所选日期范围内的所有凭证重新自动分配现金流量，其以前的分配记录将被清除，所以要谨慎操作。

第五节 所有者权益变动表

一、所有者权益变动表的概念

所有者权益变动表是指反映所有者权益各组成部分增减变动情况的报表。

二、所有者权益变动表的结构

所有者权益变动表（表9-5）呈现出矩阵的形式。纵列列示导致所有者权益变动的交易或事项，全面反映导致所有者权益变动的因素的来源。横列则按照所有者权益的组成部分（包括实收资本、其他权益工具、库存股、资本公积、其他综合收益、盈余公积、未分配利润等），以及其合计数的本年金额和上年金额进行列示。

第五节 所有者权益变动表

表 9—5 所有者权益变动表

编制单位： 　　　　年度 　　　　单位：元

项目	本年金额											上年金额										
	实收资本（或股本）	其他权益工具			资本公积	减：	其他综合收益	专项储备	盈余公积	未分配利润	所有者权益合计	实收资本（或股本）	其他权益工具			资本公积	减：	其他综合收益	专项储备	盈余公积	未分配利润	所有者权益合计
		优先股	永续债	其他		库存股							优先股	永续债	其他		库存股					
一、上年年末余额																						
加：会计政策变更																						
前期差错更正																						
其他																						
二、本年年初余额																						
三、本年增减变动金额（减少以"-"号填列）																						
（一）综合收益总额																						
（二）所有者投入和减少资本																						
1. 所有者投入的普通股																						
2. 其他权益工具持有者投入资本																						
3. 股份支付计入所有者权益的金额																						
4. 其他																						
（三）利润分配																						
1. 提取盈余公积																						
2. 对所有者（或股东）的分配																						
3. 其他																						
（四）所有者权益内部结转																						
1. 资本公积转增资本（或股本）																						
2. 盈余公积转增资本（或股本）																						
3. 盈余公积弥补亏损																						
4. 其他																						
四、本年年末余额																						

三、所有者权益变动表的编制方法

（1）所有者权益变动表中在"上年金额"项目下列示的均按照上年度所有者权益变动表的"本年金额"栏抄写即可。

（2）所有者权益变动表中在"本年金额"项目下需要填写的各项数字，可以根据当期科目余额表中"实收资本""其他权益工具""库存股""资本公积""其他综合收益""盈余公积""未分配利润""以前年度损益调整"等科目的发生额分析填列，如图9-5所示。

图9-5 科目余额表

（3）对于部分在纵列列报的项目说明。

①会计政策变更与前期差错更正：若涉及前期差错更正则采用追溯重述法，涉及损益的调整则通过以前年度损益调整核算；若涉及会计政策变更则采用追溯调整法，涉及损益的不能通过以前年度损益调整，而是通过留存收益调整。根据科目余额表中"盈余公积""未分配利润""以前年度损益调整"等科目的发生额分析填列。

②综合收益总额：反映企业净利润与其他综合收益的税后净额的合计金额，对应列在"未分配利润""资本公积"两栏。

③所有者投入和减少资本：反映企业当年所有者投入的资本和减少的资本，对应列在"资本公积""实收资本"两栏。

④利润分配：反映企业对所有者分配或股东分配的利润的金额，以及按规定提取盈余公积的金额，对应列在"未分配利润""盈余公积"两栏。

⑤所有者权益内部结转：反映不影响所有者权益变动的所有者权益各组成部分的增加变动，涉及多项对应列，需要具体问题具体分析。

参考文献

［1］国务院，2011. 现金管理暂行条例［EB/OL］.（2011-1-8）［2021-11-20］. http：//gdlawyer. chinalawinfo. com/fulltext_form. aspx？Db=chl&Gid=db1b5fc4eb2b69afbdfb& keyword=%e7%8e%b0%e9%87%91%e7%ae%a1%e7%90%86%e6%9a%82%e8%a1%8c%e6%9d%a1%e4%be%8b&EncodingName=&Search_Mode=accurate.

［2］全国人民代表大会常务委员会，2017. 中华人民共和国会计法［EB/OL］.（2017-11-04）［2021-11-20］. http：//gdlawyer. chinalawinfo. com/fulltext _ form. aspx？Db = chl&Gid = 1e86c873697cef40bdfb&keyword=%e4%b8%ad%e5%8d%8e%e4%ba%ba%e6%b0%91%e5%85%b1%e5%92%8c%e5%9b%bd%e4%bc%9a%e8%ae%a1%e6%b3%95&EncodingName=&Search_Mode=accurate.

［3］中国注册会计师协会. 会计［M］. 北京：中国财政经济出版社，中国财经出版传媒集团，2018.

［4］中华人民共和国财政部. 企业会计准则［M］. 北京：立信会计出版社，2018.